El Reino de los Cielos

¡Se conquista!

Jesús Alfonso Enríquez

ISBN:
ISBN-13: 978-0-578-46740-5

DEDICATORIA

Con todo mi corazón para los discípulos de Jesús con los que he
compartido el caminar hacia el Reino, de manera especial para mi
esposa Mague con quien he recorrido la maravillosa experiencia
de creer en las promesas de Jesús. Que la misericordia de
Dios nos permita alcanzar la Eterna Bienaventuranza.
¡El Señor les Bendiga y les Guarde!

Jesús Alfonso Enríquez

aymenriquez@gmail.com
(915) 704-5711
El Paso, Texas. USA

CONTENIDO

INTRODUCCIÓN

Hace 42 años, el 2 de noviembre de 1976, experimenté lo que el Profeta Isaías profetizó:

«El pueblo que andaba a oscuras vio una luz grande. Los que vivían en tierra de sombras, una luz brilló sobre ellos. Acrecentaste el regocijo, hiciste grande la alegría. Alegría por tu presencia. Porque una criatura nos ha nacido, un hijo se nos ha dado. Estará el señorío sobre su hombro, y se llamará su nombre "Maravilla de consejero", "Dios fuerte", "Siempre Padre", "Príncipe de Paz». (Isaías 9, 1-2 y 5)

Yo era un joven de 19 años que empezaba a trazar su destino; tenía una familia muy unida, buenos amigos y tenía muy claro lo que deseaba ser y hacer en el futuro.

Esa noche regresaba de la escuela y me dirigía, en mi carro, a la casa de una de mis amigas a la que íbamos a festejar por su cumpleaños. Estaba haciendo alto en una calle que conducía a una Parroquia, cuando sentí un impulso que me hizo dar vuelta y dirigirme hacia el templo. Al entrar me sorprendió ver la alegría de la gente que cantaba alabanzas, aplaudía y se movía al ritmo de la música. Yo era una persona muy conservadora y pensaba que en los templos debía reinar la quietud y el silencio. Me quedé en la banca de atrás y desde ahí, vi al Sacerdote que se encontraba al frente: cantando, aplaudiendo y moviéndose como el resto de los feligreses. Mi primera reacción fue retirarme ante esa "falta de respeto" del Sacerdote. Pero, "eso" que me había impulsado a llegar ahí, me hizo quedarme.

Terminado ese momento de alabanza y oración, presentaron a una mujer que iba a compartir un tema. Ella nos habló de preparar nuestro corazón para la llegada de Jesús. Sus palabras me tocaron profundamente. Nos decía que: así como la Virgen María preparó el pesebre para poner en él a su hijo, nosotros deberíamos hacer lo mismo con nuestro corazón. La Madre de Jesús, nos dijo, tuvo cuidado de quitar las espinas y las piedras que se encontraban en la paja que tenía el pesebre. Con mucho amor y cuidado preparó el lugar donde acostaría a su hijo al nacer. Y después nos preguntó: ¿Cómo está tu corazón?, ¿Está listo para recibir al niño Jesús? ¿O está lleno de rencores, resentimiento y pecado?

Al terminar su reflexión, inició la Celebración Eucarística. Pensé en salirme porque yo tenía un compromiso con mis amigos, pero algo estaba sucediendo... ya no me quería ir. Aunque empezaba a gustarme lo que estaba viviendo, aún había algo que me molestaba: la gente "se desmayaba" cuando oraban por ellos, incluso una integrante del coro se había caído sin que le hicieran oración. Mi pensamiento fue: "Esto no es de Dios".

A la hora de la Comunión, sentí en mi interior que una voz me decía: "Voy a demostrarte que esto es mío". Lo que me faltaba, estaba oyendo voces. Pensé en irme, pero decidí comulgar y luego retirarme. Cuando recibí la Comunión, me hinqué frente al Sagrario y le estaba expresando a Jesús mis dudas cuando una persona se hincó junto a mí y casi de inmediato cayó en lo que ahora sé que es el Descanso en el Espíritu. Voltee para ver quien la había aventado o quien había orado por ella, pero, no había nadie. En eso escuché nuevamente Su Voz que me dijo: "No temas, esto es mío".

Sabía que lo único que me quedaba por hacer era entregar mi vida a Él. En mi oración empecé a entregar todo lo que tenía. Pareciera que pudiera arrancarme los ojos, oídos, manos, pies, mi cuerpo, mi alma y todo mi ser. Le entregué mi corazón a Jesús para que morara en él. Le pedía que quitara de mi todo lo que le molestara para nacer en mi corazón. Lo único que deseaba en ese momento era despojarme de mi mismo y entregarle todo a Dios.

Al terminar la Misa, acostumbraban orar por las personas y, aunque yo no sabía que era "eso", quería que lo hicieran por mí. Me acerqué a la Señora que había dado el tema, Guillermina Valdés de Villalva q.e.p.d., ella me preguntó: ¿qué quieres que pida por ti? Yo le respondí: "No sé, solo sé que no veo y quiero ver", ella sonrió, puso su mano derecha sobre mi cabeza y empezó a orar en Lenguas. Nunca había oído a nadie orar con el Don de Lenguas así que me quise asustar, pero, recordé las palabras que Dios me había hecho sentir en mi interior:" No temas, esto es mío" y volví a entregar mi vida a Dios. En ese momento sentí mi cuerpo muy ligero y empecé a caer hacia atrás. Ya no hubo miedo, únicamente paz. Empecé a sollozar y conforme entregaba mi vida a Él, mi llanto empezó a aumentar. Me sentía culpable porque hacía mucho tiempo que Dios me estaba llamando y no había querido responder por temor a que me pidiera ser Sacerdote. La gente me rodeó orando por mí. En eso, el Padre Juan Manuel Villaseñor (q.e.p.d), habló a mi oído y me levantó de suelo. Me llevó al centro del templo y me preguntó: "¿Quieres confesarte?", le dije que sí y al darme la absolución me dijo que me daría una absolución general de todos mis pecados desde mi nacimiento hasta ese día.

Al salir del templo, la noche resplandecía. En ese momento me di cuenta de que yo era parte de ese pueblo que: "andaba a oscuras y vio una luz grande, que vivía en tierra de sombras y una luz brilló sobre él".

Esa noche volví a nacer, fue el inicio de un caminar que se ha prolongado por 42 años y que espero continuar hasta el último día de mi vida. La Buena Nueva del Reino de los Cielos llegó a mis oídos y se anidó en mi corazón.

1

TEMA PRINCIPAL DE LA

PREDICACIÓN DE JESÚS.

Después de esta experiencia de encuentro personal con Jesús, hubo un cambio muy grande en mi manera de pensar. Mis prioridades cambiaron. Lo que significaba para mi ser una persona exitosa, tuvo una nueva perspectiva. Ser una persona importante, ser un empresario acaudalado y alcanzar la felicidad en las cosas materiales, dejó de ser el motor que impulsaba mi vida.

Me había encontrado con Jesús y mi vida no podía seguir siendo igual. Una sed de Dios inundó todo mi ser. Quería saber más de Él y empecé a buscarlo de manera incansable.

En la Parroquia de la Natividad del Señor en Cd. Juárez, Chihuahua, México; en donde tuve esta maravillosa experiencia, ofrecían clases de Biblia, había un grupo de jóvenes que se reunían semanalmente, tenían catequesis para adultos y asambleas de oración dos veces por semana. Era una fuente inagotable de conocimiento de Dios a la que me acerqué y acudí a todas ellas.

Recuerdo que, en una de las clases de Biblia impartida por un gran hombre de Dios, el Ingeniero Francisco "Paco" Padilla, él me dio la clave para mi caminar en la fe. Paco nos dio un consejo: "Pongan sus ojos en Jesús y en nadie más. Imítenlo a Él, conozcan su manera de hablar y su manera de actuar. Conózcanlo tan profundamente que puedan descubrir en su Palabra lo que es realmente importante para sus vidas".

Al poner mi atención en el Evangelio me di cuenta de que: anunciar la Buena Nueva del Reino de los Cielos fue para Jesús, no solamente una prioridad, sino que fue el tema principal de su predicación. En el Evangelio de San Lucas se encuentran estas palabras de Jesús en donde nos revela la misión que le fue encomendada por Dios su Padre: *«También a otras ciudades tengo que anunciar la Buena Nueva del Reino de Dios, porque a esto he sido enviado». (Lucas 4, 43).*

Para esto ha sido enviado Jesús, para anunciar al mundo una Buena Noticia y esta es que el Reino de los Cielos ha llegado. La enseñanza de la Iglesia ha sido para mí una guía segura en este caminar. El Papa Pablo VI nos habla de la importancia del anuncio de la Buena Nueva que Jesús nos trae:

«Cristo, en cuanto evangelizador, anuncia ante todo un reino, el reino de Dios; tan importante que, en relación a él, todo se convierte en "lo demás", que es dado por añadidura. Solamente el reino es pues absoluto y todo el resto es relativo. El Señor se complacerá en describir de muy diversas maneras la dicha de pertenecer a ese reino, una dicha paradójica hecha de cosas que el mundo rechaza; las exigencias del reino y su carta magna, los heraldos del reino, los misterios del mismo, sus hijos, la vigilancia y fidelidad requeridas a quien espera su llegada definitiva.

Como núcleo y centro de su Buena Nueva, Jesús anuncia la

salvación, ese gran don de Dios que es liberación de todo lo que oprime al hombre, pero que es sobre todo liberación del pecado y del Maligno, dentro de la alegría de conocer a Dios y de ser conocido por El, de verlo, de entregarse a Él. Todo esto tiene su arranque durante la vida de Cristo y se logra de manera definitiva por su muerte y resurrección; pero debe ser continuado pacientemente a través de la historia hasta ser plenamente realizado el día de la Venida final del mismo Cristo, cosa que nadie sabe cuándo tendrá lugar, a excepción del Padre.

Este reino y esta salvación -palabras clave en la evangelización de Jesucristo- pueden ser recibidos por todo hombre, como gracia y misericordia; pero a la vez cada uno debe conquistarlos con la fuerza ("el reino de los cielos está en tensión y los esforzados lo arrebatan", dice el Señor) con la fatiga y el sufrimiento, con una vida conforme al Evangelio, con la renuncia y la cruz, con el espíritu de las bienaventuranzas. Pero ante todo cada uno los consigue mediante un total cambio interior, que el Evangelio designa con el nombre de "metanoia", una conversión radical, una transformación profunda de la mente y del corazón.» (Evangelii Nuntiandi 8-10).

Es tan importante el anuncio del Reino de los Cielos que Jesús habla de el en 90 ocasiones. Recordemos las veces que San Mateo lo registró en su Evangelio:

Mateo 3, 1-2. «Por aquellos días aparece Juan el Bautista, proclamando en el desierto de Judea: «Convertíos porque ha llegado el Reino de los Cielos».

Mateo 4, 17. «Desde entonces comenzó Jesús a predicar y decir: «Convertíos, porque el *Reino de los Cielos* ha llegado».

Mateo 4, 23. «Recorría Jesús toda Galilea, enseñando en sus sinagogas, proclamando la *Buena Nueva del Reino* y curando toda enfermedad y toda dolencia en el pueblo».

Mateo 5, 3. «Bienaventurados los pobres de espíritu, porque de ellos es el *Reino de los Cielos*».

Mateo 5, 10. «Bienaventurados los perseguidos por causa de la justicia, porque de ellos es el *Reino de los Cielos*».

Mateo 5, 19. «Por tanto, el que traspase uno de estos mandamientos más pequeños y así lo enseñe a los hombres, será el más pequeño en el *Reino de los Cielos*; en cambio, el que los observe y los enseñe, ése será grande en el *Reino de los Cielos*».

Mateo 5, 20. «Porque os digo que, si vuestra justicia no es mayor que la de los escribas y fariseos, no entraréis en el Reino de los Cielos».

Mateo 6, 10. «venga tu Reino; hágase tu Voluntad así en la tierra como en el cielo».

Mateo 6, 33. «Buscad primero su Reino y su justicia, y todas esas cosas se os darán por añadidura».

Mateo 7, 21. «No todo el que me diga: "Señor, Señor", entrará en el Reino de los Cielos, sino el que haga la voluntad de mi Padre celestial».

Mateo 8, 11 y 12. «Y os digo que vendrán muchos de oriente y occidente y se pondrán a la mesa con Abraham, Isaac y Jacob en el reino de los Cielos, mientras que los hijos del Reino serán echados a las tinieblas de fuera; allí será el llanto y el rechinar de dientes».

Mateo 9, 35. «Jesús recorría todas las ciudades y aldeas, enseñando en sus sinagogas, proclamando la Buena Nueva del Reino y sanando todo enfermedad y toda dolencia».

Mateo 10, 7. «Id proclamando que el Reino de los Cielos está cerca».

Mateo 11, 11. «En verdad os digo que no ha surgido entre los nacidos de mujer uno mayor que Juan el Bautista; sin embargo, el más pequeño en el Reino de los Cielos es mayor que él».

Mateo 11, 12. «Desde los días de Juan el Bautista hasta ahora, el Reino de los Cielos sufre violencia, y los violentos lo arrebatan».

Mateo 12, 28. «Pero si por el Espíritu de Dios expulso yo los demonios, es que ha llegado a vosotros el Reino de Dios».

Mateo 13, 11. «Él les respondió: "Es que a vosotros se os ha dado el conocer los misterios del Reino de los Cielos, pero a ellos no"».

Mateo 13, 19. «Sucede a todo el que oye la Palabra del Reino y no la comprende, que viene el Maligno y arrebata lo sembrado en su corazón: éste es el que fue sembrado a lo largo del camino».

Mateo 13, 24. «Otra parábola les propuso, diciendo: "El Reino de los Cielos es semejante a un hombre que sembró buena semilla en su campo"».

Mateo 13, 31. «Otra parábola les propuso: "El Reino de los Cielos es semejante a un grano de mostaza que tomó un hombre y lo sembró en su campo"».

Mateo 13, 33. «El Reino de los Cielos es semejante a la levadura que tomó una mujer y la metió en tres medidas de harina, hasta que fermentó todo».

Mateo 13, 38. «el campo es el mundo; la buena semilla son los hijos del Reino; la cizaña son los hijos del Maligno».

Mateo 13, 41. «El Hijo del hombre enviará a sus ángeles, que recogerán de su Reino todos los escándalos y a los obradores de iniquidad».

Mateo 13, 43. «Entonces los justos brillarán como el sol en el Reino de su Padre. El que tenga oídos, que oiga».

Mateo 13, 44. «El Reino de los Cielos es semejante a un tesoro escondido en un campo que, al encontrarlo un hombre, vuelve a esconderlo y, por la alegría que le da, va, vende todo lo que tiene y compra el campo aquel».

Mateo 13, 45. «También es semejante el Reino de los Cielos a un mercader que anda buscando perlas finas».

Mateo 13, 47. «También es semejante el Reino de los Cielos a una red que se echa en el mar y recoge peces de todas clases».

Mateo 13, 52. «Y él les dijo: "Así, todo escriba que se ha hecho discípulo del Reino de los Cielos es semejante al dueño de una casa que saca de sus arcas lo nuevo y lo viejo"».

Mateo 16, 19. «A ti te daré las llaves del Reino de los Cielos; y lo que ates en la tierra quedará atado en los cielos, y lo que desates en la tierra quedará desatado en los cielos».

Mateo 16, 28. «Yo os aseguro: entre los aquí presentes hay algunos que no gustarán la muerte hasta que vean al Hijo del hombre venir en su Reino».

Mateo 18, 1. «En aquel momento se acercaron a Jesús los discípulos y le dijeron: "¿Quién es, pues, el mayor en el Reino de los Cielos?"».

Mateo 18, 3 y 4. «y dijo: "Yo os aseguro: si no cambiáis y os hacéis como los niños, no entraréis en el Reino de los Cielos. Así pues, quien se haga pequeño como este niño, ése es el mayor en el Reino de los Cielos"».

Mateo 18, 23. «Por eso el Reino de los Cielos es semejante a un rey que quiso ajustar cuentas con sus siervos».

Mateo 19, 12. «Porque hay eunucos que nacieron así del seno materno, y hay eunucos que se hicieron tales a sí mismos por el Reino de los Cielos. Quien pueda entender, que entienda».

Mateo 19, 14. «Mas Jesús les dijo: "Dejad que los niños vengan a mí, y no se lo impidáis porque de los que son como éstos es el Reino de los Cielos"».

Mateo 19, 23 y 24. «Entonces Jesús dijo a sus discípulos: "Yo os aseguro que un rico difícilmente entrará en el Reino de los Cielos. Os lo repito, es más fácil que un camello entre por el ojo de una aguja, que el que un rico entre en el Reino de los Cielos"».

Mateo 20, 1. «En efecto, el Reino de los Cielos es semejante a un propietario que salió a primera hora de la mañana a contratar obreros para su viña».

Mateo 20, 21. «Él le dijo: "¿Qué quieres?" Dícele ella: "Manda que estos dos hijos míos se sienten, uno a tu derecha y otro a tu izquierda, en tu Reino"».

Mateo 21, 31. «"¿Cuál de los dos hizo la voluntad del padre?" – "El primero" - le dicen. Díceles Jesús: "En verdad os digo que los publicanos y las rameras llegan antes que vosotros al Reino de Dios"».

Mateo 21, 43. «Por eso os digo: Se os quitará el Reino de Dios para dárselo a un pueblo que rinda sus frutos».

Mateo 22, 2. «El Reino de los Cielos es semejante a un rey que celebró el banquete de bodas de su hijo».

Mateo 23, 13. «¡Ay de vosotros, escribas y fariseos hipócritas, que cerráis a los hombres el Reino de los Cielos! Vosotros ciertamente no entráis; y a los que están entrando no les dejáis entrar».

Mateo 24, 14. «Se proclamará esta Buena Nueva del Reino en el mundo entero, para dar testimonio a todas las naciones. Y entonces vendrá el fin».

Mateo 25, 1. «Entonces el Reino de los Cielos será semejante a diez vírgenes, que, con su lámpara en la mano, salieron al encuentro del novio».

Mateo 25, 34. «Entonces dirá el Rey a los de su derecha: "Venid, benditos de mi Padre, recibid la herencia del Reino preparado para vosotros desde la creación del mundo"».

Mateo 26, 29. «Y os digo que desde ahora no beberé de este producto de la vid hasta el día aquel en que lo beba con vosotros, nuevo, en el Reino de mi Padre».

Hay un canto que retrata la dicha de tener contacto con la Palabra de Dios:

"Escuchar tu Palabra es inicio de fe en Ti, Señor. Meditar tu Palabra es captar tu mensaje de amor. Proclamar tu Palabra, Señor, es estar embebido de Ti. Y vivir tu Palabra, Señor, es ya dar testimonio de Ti, mi Dios".

2

LA REALIDAD DE LOS DOS REINOS.

Una realidad presentada.

Existen recuerdos de nuestra infancia que por alguna razón quedan grabados para siempre en nuestra memoria. Yo tuve la bendición de que mi Mamá fuese la persona que me preparó para hacer mi Primera Comunión. Ella pidió permiso al Sacerdote de la Parroquia para preparar a algunos niños en el barrio. Tengo presente a mi Madre sentada en uno de los escalones del patio y mis amigos a su alrededor muy atentos a sus enseñanzas. Ella nos transmitía el catecismo de una manera muy amena, poniendo ejemplos e inventando cuentos para que comprendiéramos mejor. Un día nos relató, a su manera, la caída de los ángeles, cuando algunos de ellos se rebelaron en contra de Dios.

Dios creó todo lo que existe, decía ella, lo que vemos y lo que no podemos ver. Antes de crear al mundo, Dios creó a los ángeles. Había un arcángel llamado Bella Luz que era el más poderoso, el más bello e inteligente de todos. Este arcángel dejó que la soberbia entrara en su corazón y quería ser igual a Dios. En una ocasión, (relato no doctrinal de mi Mamá), el arcángel vio como Dios Padre metía su mano en una copa con agua que tenía en el brazo de su trono y al sacar su mano las gotas que caían de sus dedos se convertían en ángeles. En un descuido de Dios, el arcángel se sentó en el trono de Dios e hizo lo mismo que Dios, (por supuesto que esto no puede ser posible, pero así lo platicó mi Mamá), cada vez que el arcángel sacaba su mano, de sus dedos salían nuevos ángeles. En eso llegó Dios y al darse cuenta de lo que pasaba, envió a ese arcángel al infierno junto con todos sus secuaces, o sea los ángeles que él había creado. Desde entonces, continuaba su relato, existen dos reinos: el Reino del bien y el Reino del mal y todos los que son malos van a parar al infierno con el diablo.

Aunque con algunas imprecisiones doctrinales, mi Mamá nos transmitió la realidad de la existencia de estos dos reinos. Esta es una verdad revelada por la Sagrada Escritura y forma parte de la enseñanza del Magisterio de la Iglesia.

Fundamentación Bíblica y Doctrinal.

Dios creador de todo lo visible y lo invisible.

"Aunque la expresión "cielo y tierra" significa: todo lo que existe o la creación entera, el cielo designa no sólo al firmamento, sino también al lugar propio de Dios, al lugar de las criaturas espirituales o ángeles y al lugar de la gloria escatológica donde moraremos en su presencia por toda la eternidad. La tierra, que designa el mundo de los hombres. Lo visible – como es este mundo en que pasamos nuestra breve vida – y lo invisible – como son los espíritus puros, que llamamos también ángeles.

La profesión de fe del IV Concilio de Letrán afirma que: "Dios, al comienzo del tiempo, creó a la vez de la nada una y otra criatura, la espiritual y la corporal, es decir, la angélica y la mundana; luego, la criatura humana, que participa de las dos realidades, pues está compuesta de espíritu y de cuerpo". (CEC 326-327)

El pecado de los ángeles: soberbia y desobediencia.

El profeta Isaías nos rebela como dio inicio el reino de las tinieblas, nos habla de un Lucero o estrella brillante, hijo de la Aurora que en su corazón decía: «Subiré hasta el cielo y levantaré mi trono encima de las estrellas de Dios, me sentaré en la montaña donde se reúnen los dioses, allá donde el norte se termina; subiré a la cumbre de las nubes, seré igual al Altísimo». (Isaías 14, 12-14).

El inicio de la ruptura en el Reino de los Cielos lo ocasionó este ángel que permitió que la soberbia anidara en su corazón y lo llevó a rebelarse rechazando de manera radical e irrevocable a Dios y su Reino. (cf. CEC 391). Lo mismo que lo hizo caer a él, es lo que utiliza para tentar y hacer caer a Adán y a Eva: "Seréis como dioses" (cf. Génesis 3, 5). La soberbia de querer ser igual a Dios los hizo desobedecerlo y aunque: "El diablo y los otros demonios fueron creados por Dios con una naturaleza buena, ellos se hicieron a sí mismos malos". (cf. CEC 392).

Batalla en el Cielo.

En el libro de Apocalipsis, San Juan nos relata la visión que él tuvo sobre la batalla en el cielo en la que el Arcángel San Miguel y sus ángeles combatieron contra Satanás:

«Entonces se desató una batalla en el cielo: Miguel y sus ángeles combatieron contra el dragón. Lucharon el dragón y sus ángeles, pero no pudieron vencer, y ya no hubo lugar para ellos en el cielo. El dragón grande, la antigua serpiente, conocida

como el Demonio o Satanás, fue expulsado; el seductor del mundo entero fue arrojado a la tierra y sus ángeles con él... Cuando el dragón vio que había sido arrojado a la tierra, se puso a perseguir a la mujer que había dado a luz al varón... Entonces el dragón se enfureció contra la mujer y se fue a hacer la guerra al resto de sus hijos, es decir, a los que observan los mandamientos de Dios y mantienen el testimonio de Jesús». (Apocalipsis 12, 1–17).

Al ser arrojados a la tierra Satanás y sus ángeles, una nueva realidad surge: podemos estar con Dios o lejos de Él; en el cielo como lugar donde reina Dios o en la tierra donde ha sido arrojado el demonio; pertenecemos al Reino de la Luz o al reinado de las tinieblas.

<u>La Tierra es el principado de Satanás.</u>

San Juan declara en su Evangelio que Satanás es el Príncipe de este mundo y que la Tierra es su Principado: *«¿Qué juicio? El del príncipe de este mundo: ya ha sido condenado».* (Juan 16, 11).

«Ahora es el juicio de este mundo, ahora el príncipe de este mundo va a ser echado fuera». (Juan 12, 31)

Son las mismas palabras de Jesús, recogidas en el Evangelio, que presentan la realidad del otro reino: *«Si Satanás expulsa a Satanás, contra sí mismo está dividido: ¿cómo, pues, va a subsistir su reino?».* (Mateo 12, 26) y (Lucas 11, 18)

Cuando Jesús es tentado por Satanás, le mostró todos los reinos de la tierra; y le dijo: *«Te daré todo el poder y la gloria de estos reinos, porque a mí me ha sido entregada, y se la doy a quien quiero. Si, pues, me adoras, toda será tuya».* (Lucas 4, 5-6)

<u>En las tinieblas o trasladados al Reino de Dios.</u>

Cuando nuestros hijos estaban pequeños teníamos una Van Dodge extralarga. A ellos les gustaba porque era tan amplia que podían escoger entre ir sentados en dos hileras de asientos o ir acostados en la parte de atrás en la que habíamos acondicionado una pequeña cama. De vez en cuando íbamos a la ciudad de El Paso, Texas a realizar algunas compras y para cruzar la frontera, lo hacíamos por el Puente Internacional que unía las dos ciudades. En la parte superior del puente había una placa que indicaba el límite territorial de ambos países. Esta placa estaba dividida por una línea en el centro. Al lado izquierdo de la línea divisoria se podía leer: "Estados Unidos Mexicanos" y del lado derecho: "United States of America". Muchas veces, debido a la lentitud del tráfico, quedábamos a la mitad del puente y ellos se movían hacia el frente de la Van y decían: "Estamos en Estados Unidos", luego se movían hacia atrás y decían: "Estamos en México". Cruzar una simple línea los hacía cambiar de país. Una cosa les quedó claro: cuando estaban en México, no estaban en Estados Unidos y cuando estaban en Estados Unidos, no estaban en México. Si no estaban aquí es porque estaban allá.

De esta manera toma sentido las palabras de Jesús: *«El que no está conmigo, está contra mí; y el que no recoge conmigo, desparrama». (Mateo 12, 30).*

Es claro que, si no estamos con Jesús, es porque estamos en su contra y si nuestra vida no está encaminada a recoger los frutos de Dios, estamos desparramando. El seguimiento de Jesús es radical, o estamos con Él, o estamos en contra de Él.

San Mateo también, al hablar del Reino de los Cielos, nos recuerda lo que pasará al final de los tiempos. Nuestro destino final dependerá de las decisiones que hayamos tomado durante nuestra vida. Vienen a mí las palabras de un Sacerdote: "Si queremos ir al Cielo, tenemos que cumplir los mandatos de Dios, porque si usted vive en pecado y haciendo lo que le da la gana, "El Cielo no lo va a recibir".

«Aquí tienen otra figura del Reino de los Cielos: una red que se ha echado al mar y que recoge peces de todas clases. Cuando está llena, los pescadores la sacan a la orilla, se sientan, escogen los peces buenos, los echan en canastos y tiran los que no sirven. Así pasará al final de los tiempos: vendrán los ángeles y separarán a los malos de entre los buenos y los arrojarán al horno ardiente. Allí será el llorar y el rechinar de dientes». (Mateo 13, 47-50).

Si fuimos buenos, estaremos con Él eternamente, pero si fuimos malos, seremos arrojados al horno ardiente donde habrá llanto y desesperación.

O frío o caliente.

Es probable que alguno de nosotros podamos pensar que es mejor no tomar partido ni por Dios ni por el mundo. Que es mejor aprovechar de las dos partes lo que mejor nos convenga. El Apocalipsis de San Juan tiene una palabra que puede iluminar nuestro entendimiento:

«Conozco tus obras: no eres ni frío ni caliente. ¡Ojalá fueras frío o caliente! Pero porque eres tibio y no frío o caliente, voy a vomitarte de mi boca... Mira que estoy a la puerta y llamo: si uno escucha mi voz y me abre, entraré en su casa y comeré con él y él conmigo. Al vencedor lo sentaré junto a mí en mi trono, del mismo modo que yo, después de vencer, me senté junto a mi Padre en su trono». (Apocalipsis 3, 15-22)

El ser tibios nos coloca en un lugar peor que el que tienen los que son fríos. Los tibios serán vomitados de su boca porque conociéndole a Él, han decidido no pertenecerle a Él ni obedecer sus normas, ni hacer su voluntad. Han decidido caminar por el camino del bien y por el camino del mal dependiendo de sus intereses y siendo ellos mismos la prioridad de su vida. Los fríos son los que están alejados de Dios y viven en la obscuridad, pero tienen la posibilidad de convertirse al escuchar el llamado de Jesús que toca a la puerta de su corazón.

Una vez más la Sagrada Escritura nos dice que solo existen dos lugares a los que podemos pertenecer: Al Reino de Dios o al reino de Satanás. Al Reino del Bien o al reino del mal. Al Reino de la Luz o al reino de las tinieblas. Como resultado de las decisiones que hayamos tomado en nuestra vida, estaremos toda la Eternidad: O lejos de Él, o sentados junto a Él en el Reino de su Padre.

3

LA PRESENCIA DEL REINO DE DIOS.

"En el Nuevo Testamento, la palabra basileia se puede traducir por realeza (nombre abstracto), reino (nombre concreto) o reinado (de reinar, nombre de acción). El Reino de Dios es para nosotros lo más importante. Se aproxima en el Verbo encarnado, se anuncia a través de todo el Evangelio, llega en la muerte y la Resurrección de Cristo. El Reino de Dios adviene en la Última Cena y por la Eucaristía está entre nosotros. El Reino de Dios llegará en la gloria cuando Jesucristo lo devuelva a su Padre". (CEC 2816)

Cuando hablamos de la presencia del Reino de Dios, pareciera que hay confusión o imprecisión en la manera de definirla. Del Reino decimos: "Ha llegado (cf. Mt. 4, 17), está cerca (cf. Mc. 1, 15), ya está entre nosotros (cf. Lc. 17, 21), es un lugar diferente al de la tierra (cf. Mt. 16, 19), está por venir (cf. Mt. 25), será devuelto al Padre" (cf. 1ª Corintios 15, 24).

El Reino de los Cielos ha llegado.

Hace muchos años acostumbrábamos llevar a nuestros hijos a un restaurante de comida rápida que había en El Paso, Texas. Nosotros vivíamos en Cd. Juárez, México una ciudad fronteriza que colinda con esa ciudad. A ellos les gustaba la "cajita feliz", un paquete de hamburguesa y papas especialmente hecho para niños que además contiene un pequeño juguete. Teníamos que cruzar la frontera para llevarlos porque ese famoso restaurante no tenía sucursales en nuestra ciudad.

Un día nos dimos cuenta de que estaban construyendo en nuestra ciudad un edificio muy parecido al del restaurante preferido de nuestros hijos. Era un hecho, la franquicia de ese restaurante había llegado a Cd. Juárez. El restaurante que vendía la "Cajita feliz" había llegado a nosotros, había cruzado la frontera que nos separaba y ahora ya estaba entre nosotros.

Guardando las debidas proporciones y siguiendo el ejemplo anterior, el Reino de los Cielos llegó a nosotros de una manera palpable, hubo un antes y un después. El Reino de los Cielos se acercó y ahora está entre nosotros. Jesús mismo lo anuncia cuando fue a residir a Cafarnaúm después que Juan el Bautista fue entregado:

> *«Desde entonces comenzó Jesús a predicar y decir: Convertíos, porque el Reino de los Cielos ha llegado».* (Mateo 4, 17)

Por la encarnación del Hijo de Dios.

El Reino de los Cielos ha llegado a nosotros por la encarnación de Jesús, el Hijo único de Dios:

> *«Pero, al llegar la plenitud de los tiempos, envió Dios a su Hijo, nacido de mujer, nacido bajo la ley, para rescatar a los que se*

hallaban bajo la ley, y para que recibiéramos la filiación adoptiva». (Gálatas 4, 4-5)

El Reino de los Cielos y la salvación que se nos ofrece, entraron al mundo gracias al "Fiat de María", ella es la puerta por la que entró al mundo la Salvación de los hombres. San Irineo dice que: "obedeciendo, se convirtió en causa de salvación para sí misma y para todo el género humano".

La Constitución Dogmática sobre la Iglesia, "Lumen Gentium", nos enseña que: *"El Padre de la misericordia quiso que precediera a la encarnación la aceptación de la Madre predestinada, para que, de esta manera, así como la mujer contribuyó a la muerte, también la mujer contribuyese a la vida. Lo cual se cumple de modo eminentísimo en la Madre de Jesús por haber dado al mundo la Vida misma que renueva todas las cosas".* (LG 56)

Y, ¿de qué manera se encarnó el Hijo de Dios en el vientre de María? Cuando el ángel le anuncia que va a concebir en el seno y que va a dar a luz un hijo, ella le preguntó: *«¿Cómo será esto, puesto que no conozco varón? "El ángel le respondió: "El Espíritu Santo vendrá sobre ti y el poder del Altísimo te cubrirá con su sombra; por eso el que ha de nacer será santo y será llamado Hijo de Dios».* (Lucas 1, 35)

Por el nacimiento de Jesús.

«Y la Palabra se hizo carne, y puso su Morada entre nosotros, y hemos contemplado su gloria, gloria que recibe del Padre como Hijo único, lleno de gracia y de verdad». (Juan 1, 14)

El Reino de los Cielos llegó al mundo cuando la Palabra creadora de Dios se hizo carne y puso su morada entre nosotros. Esto ha de ser para nosotros motivo de una gran alegría. La gloria de Dios ha bajado a nosotros. Nos ha nacido un Salvador y la paz de Dios está al alcance de los que la busquen con un corazón sincero. "Así, pues, Cristo, en cumplimiento de la voluntad del Padre, inauguró en la tierra el reino de los cielos". (LG 3)

«Os ha nacido hoy, en la ciudad de David, un salvador, que es el Cristo Señor». (Lucas 2, 11)

El Reino de los Cielos está cerca.

Otra manera de decir que algo o alguien llegó es cuando decimos que: estaba lejos y se acercó. No estaba aquí, estaba lejos, pero ya llegó. Su lejana presencia ahora está cerca.

En el Evangelio de San Marcos se nos narra el mensaje con el que Jesús comenzó a proclamar la Buena Nueva de Dios:

«El tiempo se ha cumplido y el Reino de Dios está cerca; convertíos y creed en la Buena Nueva». (Marcos 1, 15).

Cuando Jesús envía a los Apóstoles, una de las instrucciones que les da, además de no tomar camino de gentiles o no entrar en ciudad de samaritanos, curad enfermos, resucitar muertos y purificar leprosos, también les dice: *«Id proclamando que el Reino de los Cielos está cerca».* (Mateo 10, 7).

Que el Reino de los Cielos esté cerca, no sólo debe hacer renacer en nosotros la esperanza de la redención sino también el compromiso de una conversión permanente. Muchos han escuchado esta Buena Nueva de que el Reino de Dios está cerca, que ahora está a nuestro alcance, pero no han creído en ella; o si creyeron, no respondieron a la exigencia de conversión. Porque para recibir el Reino que se ha acercado, son indispensables dos cosas: "Creer y Convertirse".

El Reino de los Cielos ya está entre nosotros.

«Habiéndole preguntado los fariseos cuándo llegaría el Reino de Dios, les respondió: «El Reino de Dios viene sin dejarse sentir. Y no dirán: "Vedlo aquí o allá", porque el Reino de Dios ya está entre vosotros». (Lucas 17, 20 – 21)

Es muy significativo que sean los Fariseos, que no creían en Jesús ni en su palabra, los que hayan preguntado que cuándo llegaría el Reino de Dios. Tenían delante de ellos al Verbo Encarnado, al Hijo único de Dios, al Mesías esperado y no lo reconocieron. El anuncio de la Buena Nueva del Reino ya había dado fruto en los discípulos de Jesús, y sin dejarse sentir, muchos de los que los rodeaban ya habían sido trasladados de las tinieblas a su luz admirable y habiendo dejado todo seguían a Jesús.

Como nos dice la Constitución Dogmática sobre la Iglesia Lumen Gentium: *"Ahora bien, este reino brilla ante los hombres en la palabra, en las obras y en la presencia de Cristo. La palabra de Dios se compara a una semilla sembrada en el campo (cf. Mc 4,14): quienes la oyen con fidelidad y se agregan a la pequeña grey de Cristo (cf. Lc 12,32), ésos recibieron el reino; la semilla va después germinando poco a poco y crece hasta el tiempo de la siega (cf. Mc 4,26-29)".* (LG 5)

De la gran muchedumbre que seguía a Jesús, muchos aceptaron su Palabra y se hicieron sus discípulos. De los discípulos, Jesús eligió a doce y los llamó Apóstoles. En ellos germinó la semilla de la Palabra y recibieron el Reino. No todos se agregaron al rebaño de Jesús, pero los que lo hicieron, recibieron el Reino.

La respuesta de Jesús a los Fariseos: "El Reino de los Cielos ya está entre vosotros" les hace saber que, aunque el Reino de Dios no estaba en ellos: ¡Ya estaba entre ellos!

Es un lugar diferente a la Tierra.

En una ocasión Jesús les pregunta a sus discípulos: *«¿Quién dice la gente que soy yo?»* Después de escuchar sus respuestas, Jesús les pregunta: *«Y ustedes, ¿quién dicen que soy yo?»*, Pedro toma la palabra y contesta: *«Tú eres el Mesías, el Hijo del Dios vivo.»* Jesús al escuchar la profesión de fe de Pedro, le hace una promesa: *«Yo te daré las llaves del Reino de los Cielos: lo que ates en la tierra quedará atado en el Cielo, y lo que desates en la tierra quedará desatado en el Cielo».* (cf. Mt. 16, 18–19).

Al decirle Jesús a Pedro que: lo que ate en la tierra quedará atado en el cielo, nos hace saber que el Cielo y la Tierra son dos lugares diferentes. Para comprender un poco mejor lo que esto significa, pongamos un ejemplo: En estos tiempos la tecnología hace posible llegar a innumerables lugares sin estar ahí y permite a compañías trasnacionales estar presentes por medio de sucursales en muchas ciudades, pero manteniendo la sede en otro lugar. Cuando en una de las sucursales se recibe una transacción, un pago o un pedido, toda operación en las sucursales está respaldada por la matriz o sede principal, aunque estén en lugares diferentes.

El Reino de Dios que está en los Cielos se ha acercado, y aunque ya se encuentre entre nosotros, la sede sigue estando en un lugar diferente a la tierra. En la oración del Padre Nuestro, Jesús nos enseñó a pedir: «Venga tu Reino; hágase tu Voluntad así en la tierra como en el cielo». (Mt. 6, 10).

El Reino de los Cielos está por venir.

El Reino de Dios que estaba lejos se ha acercado, ha llegado a nosotros; y aunque ya está entre nosotros, es un lugar diferente a la tierra. Pero hay otra realidad: este Reino también está por venir de forma definitiva, es la venida final del Reino de Dios por medio del retorno de Cristo. (cf. CEC 2818).

En una ocasión, Jesús respondiendo a la pregunta de sus discípulos acerca del fin del mundo, les hizo saber cuáles serían las señales que precederían el final: *"Vendrán muchos usurpando mi nombre, habrá guerras y revoluciones, se levantará nación contra nación y reino contra reino, habrá grandes terremotos, peste y hambre en diversos lugares, habrá cosas espantosas, y grandes señales del cielo. Os echarán mano y os perseguirán, entregándoos y llevándoos ante reyes y gobernadores por mi nombre. Seréis entregados y matarán a algunos de vosotros, y seréis odiados de todos por causa de mi nombre. Habrá señales en el sol, en la luna y en las estrellas; y en la tierra; porque las fuerzas de los cielos serán sacudidas. Y entonces verán venir al Hijo del hombre en una nube con gran poder y gloria. Cuando empiecen a suceder estas cosas, cobrad ánimo y levantad la cabeza porque se acerca vuestra liberación. Así también vosotros, cuando veáis que sucede esto, sabed que el Reino de Dios está cerca».* (Lucas 21, 6-31)

La venida final del Reino será cuando Jesús venga en su gloria acompañado de todos sus ángeles. Todos los muertos resucitarán, tanto los justos como los pecadores. Los que hayan hecho el bien resucitarán para la vida, y los que hayan hecho el mal, para la condenación. Entonces serán congregadas ante Él todas las naciones para ser juzgadas. Unos irán a un castigo eterno y los justos a una vida eterna. Solo el Padre conoce el día y la hora en que tendrá lugar todo esto. (cf. CEC 1038-1041).

"Al fin de los tiempos el Reino de Dios llegará a su plenitud. Después del Juicio final, los justos reinarán para siempre con Cristo, glorificados en cuerpo y alma, y el mismo universo será renovado. La sagrada Escritura llama "cielos nuevos y tierra nueva" a esta renovación misteriosa que trasformará la

humanidad y el mundo. Esta será la realización definitiva del designio de Dios de "hacer que todo tenga a Cristo por Cabeza, lo que está en los cielos y lo que está en la tierra". (CEC 1042-1043).

El Reino de los Cielos será devuelto al Padre.

Con el retorno glorioso de Jesús y el juicio final, se habrá realizado el designio de Dios Padre de que todo tenga a Cristo como cabeza, lo que está en los cielos y lo que está en la tierra; pero el Misterio de la salvación será consumado definitivamente hasta que Cristo, el Señor, lo restituya a Dios, su Padre (CEC 2855).

Esta será la última y definitiva realidad de la presencia del Reino de los Cielos: Un "universo nuevo".

"En este "universo nuevo", la Jerusalén celestial, Dios tendrá su morada entre los hombres. "Y enjugará toda lágrima de sus ojos, y no habrá ya muerte ni habrá llanto, ni gritos ni fatigas, porque el mundo viejo ha pasado". (CEC 1044)

4

EL DISCURSO INAUGURAL.

«Bienaventurados los pobres de espíritu, porque de ellos es el Reino de los Cielos. Bienaventurados los mansos, porque ellos poseerán en herencia la tierra. Bienaventurados los que lloran, porque ellos serán consolados. Bienaventurados los que tienen hambre y sed de la justicia, porque ellos serán saciados. Bienaventurados los misericordiosos, porque ellos alcanzarán misericordia. Bienaventurados los limpios de corazón, porque ellos verán a Dios. Bienaventurados los que trabajan por la paz, porque ellos serán llamados hijos de Dios. Bienaventurados los perseguidos por causa de la justicia, porque de ellos es el Reino de los Cielos. Bienaventurados seréis cuando os injurien, y os persigan y digan con mentira toda clase de mal contra vosotros por mi causa. Alegraos y regocijaos, porque vuestra recompensa será grande en los cielos; pues de la misma manera persiguieron a los profetas anteriores a vosotros». (Mt. 5, 3-12)

En el sermón de la montaña, Jesús pronuncia su discurso inaugural. Por medio de las Bienaventuranzas, da la pauta, para lo que será la manera de vivir de todos aquellos que quieran alcanzar el Reino. Al inicio de su ministerio, Jesús describe, en que consiste la dicha de pertenecer al Reino de los Cielos. Como dijo San Pablo VI: *"El Señor se complacerá en describir de muy diversas maneras la dicha de pertenecer a ese Reino, una dicha paradójica hecha de cosas que el mundo rechaza"* (EN 18).

El mundo rechaza este mensaje porque pone su atención en lo que sufren, hacen, o deben vivir los ciudadanos del Reino. Pero la alegría, la felicidad y la dicha está en la recompensa que van a recibir. ¿Por qué son bienaventurados los pobres?: porque de ellos es el Reino. ¿Por qué son bienaventurados los que lloran?: porque serán consolados. ¿Por qué son bienaventurados los que tienen hambre y sed de justicia?: porque serán saciados, etc.

La dicha se encuentra en la recompensa que se nos tiene preparada, y es más grande la recompensa que el sufrimiento, que el sacrificio, o la entrega que tengamos que hacer. No tiene comparación lo que dejamos con lo que recibiremos.

«Alegraos y regocijaos, porque vuestra recompensa será grande en los cielos.»

Bajo esta perspectiva, escuchemos nuevamente las palabras con as que Jesús da inicio a su ministerio:

Bienaventurados los pobres de espíritu, porque de ellos es el Reino de los Cielos.

Los pobres de espíritu son los que caminan por esta vida sin anclas que los detengan. Si tienen o no tienen bienes materiales, eso no es para ellos lo más importante. Son los que están abiertos y dispuestos para entregarse a Dios. Son los que tienen sus ojos y su corazón en los tesoros del cielo y no en los de la tierra.

El Papa Francisco nos ofrece un bello ejemplo de lo que esto significa: *"Esta pobreza de espíritu está muy relacionada con aquella «santa indiferencia» que proponía san Ignacio de Loyola, en la cual alcanzamos una hermosa libertad interior: «Es menester hacernos indiferentes a todas las cosas criadas, en todo lo que es concedido a la libertad de nuestro libre albedrío, y no le está prohibido; en tal manera, que no queramos de nuestra parte más salud que enfermedad, riqueza que pobreza, honor que deshonor, vida larga que corta, y por consiguiente en todo lo demás».* (Gaudete Et Exsultate 69)

Para ser pobres de espíritu no basta con ser pobres de bienes materiales. Muchos pobres viven frustrados porque no han podido alcanzar las riquezas que han soñado. Son semejantes a los ricos de los que Jesús dijo que es más fácil que un camello entre por el ojo de una aguja, que un rico entre en el Reino de Dios. (cf. Mc. 10, 25). Esto lo dijo refiriéndose a lo difícil que es para alguien que confía en sus riquezas entrar en el Reino de los Cielos.

La "santa indiferencia" de la que nos habla San Ignacio de Loyola nos lleva a reconocer que el obstáculo para entrar en el Reino de Dios no se limita al dinero o a los bienes materiales; podemos vivir anhelando ser reconocidos, admirados, envidiados; tratando de ser los que siempre triunfen o tengan la razón. Existen diferentes tipos de tesoros aquí en la tierra que pueden desviar nuestra atención para alcanzar los bienes celestiales. Los pobres de espíritu sin anhelar nada, lo obtendrán todo:

«Bienaventurados porque de ellos es el Reino de los Cielos»

Bienaventurados los mansos, porque ellos poseerán en herencia la tierra.

«No te acalores por causa de los malos, no envidies a los que hacen injusticia. Pues aridecen presto como el heno, como la hierba tierna se marchitan. Ten confianza en Yahveh y obra el bien, vive en la tierra y crece en paz, ten tus delicias en Yahveh, y te dará lo que pida tu corazón. Pon tu suerte en Yahveh, confía en él, que él obrará; hará brillar como la luz tu justicia, y tu derecho igual que el mediodía. Vive en calma ante Yahveh, espera en él, no te acalores contra el que prospera, contra el hombre que urde intrigas. Desiste de la cólera y abandona el enojo, no te acalores, que es peor; pues serán extirpados los malvados, más los que esperan en Yahveh poseerán la tierra. Un poco más, y no hay impío, buscas su lugar y ya no está; mas poseerán la tierra los humildes, y gozarán de inmensa paz».
(Salmo 37, 1-11)

En esta segunda Bienaventuranza, Jesús nos invita a la paz. En el Salmo 37 encontramos una serie de actitudes que debemos evitar y otras que debemos buscar.

No te acalores, no envidies, desiste de la cólera y abandona el enojo. Esta palabra está dirigida a los buenos, no a los impíos. No está pidiendo dejar de hacer el mal, sino que nos enseña cómo actuar ante los malos; ante los que cometen injusticias, ante los que urden intrigas, o ante los que prosperan haciendo el mal. Aunque parezca que en todo les va bien, al final de cuentas encontrarán las consecuencias de sus actos: Se secarán pronto como el heno, se marchitarán como la hierba tierna y serán extirpados. Un poco más y ya no estarán.

Pero al que espera en el Señor le dice: "Pon tu suerte en Yahveh, ten confianza en Dios y obra el bien, vive y crece en paz, ten tus delicias en Yahveh y confía en Él; vive en calma y espera en Él". El secreto de la mansedumbre está en confiar en Dios y esperar en Él y el motivo de la esperanza está en su promesa: "te dará lo que pida tu corazón, él obrará; hará brillar como la luz tu justicia, y tu derecho igual que el mediodía; poseerán la tierra los humildes y gozarán de inmensa paz".

«Bienaventurados porque ellos poseerán la tierra».

Bienaventurados los que lloran, porque ellos serán consolados.

Es muy difícil para el mundo aceptar que los que lloran son felices o bienaventurados. El llanto lo relacionamos siempre con dolor, angustia o sufrimiento. Entonces, ¿cómo es posible que haya felicidad en los que lloran? La explicación está en que los que lloran son bienaventurados, no porque lloren, sino porque serán consolados. Será mayor el consuelo prometido que el llanto derramado. Después de la tristeza que originó el llanto, llegará la alegría al recibir el consuelo de parte de Dios mismo.

La historia del rico Epulón y del pobre Lázaro puede ilustrarnos el sentido de esta Bienaventuranza. Epulón era un hombre muy rico que vestía de púrpura y lino, y celebraba todos los días espléndidas fiestas, por el contrario, Lázaro era un hombre muy pobre que se encontraba cubierto de llagas. Lázaro permanecía echado junto al portal del rico, deseando hartarse de lo que caía de la mesa del rico, mientras los perros venían y le lamían sus llagas. Mueren los dos y mientras el pobre fue llevado al seno de Abraham, el rico fue llevado al Hades. Estando entre tormentos, levantó los ojos y vio a lo lejos a Abraham, y a Lázaro con él. Pidió ser reconfortado con la ayuda de Lázaro, pero Abraham le dijo: «Hijo, recuerda que recibiste tus bienes durante tu vida y Lázaro, al contrario, sus males; ahora, pues, él es aquí consolado y tú atormentado». (Lucas 16, 19-25)

El pasaje de la Sagrada Escritura no nos ofrece muchos detalles sobre los personajes, pero podemos suponer por el relato, que el hombre rico dedicó su vida para satisfacer sus gustos y sus deseos. No nos dice la fuente de su riqueza, por lo que no podemos saber si fue fruto de la maldad, de la injusticia, o si sus bienes fueron adquiridos con honradez. El único pecado que queda evidente es el pecado de omisión. Pudiendo hacer el bien, no lo hizo. Si no fue capaz de ayudar al pobre que permanecía echado junto al portal de su casa, es menos probable que lo haya hecho con alguien más. Pero lo que nos ocupa para comprender esta Bienaventuranza va en otra dirección: el sufrimiento del pobre Lázaro. Podemos deducir que fue un hombre bueno porque al morir fue llevado por los ángeles al seno de Abraham y no al lugar de tormento. Fue un hombre que sufrió hambre, desamparo y enfermedad. Lo más seguro es que todo este sufrimiento lo haya hecho llorar muchas veces. Nadie que lo haya conocido podría decir: "bienaventurado o feliz por haber sufrido", pero indudablemente nosotros podemos afirmar que Lázaro es bienaventurado, no por lo que sufrió sino por el consuelo que recibió y que tendrá por toda la eternidad.

«Bienaventurados porque ellos serán consolados».

Bienaventurados los que tienen hambre y sed de la justicia, porque ellos serán saciados.

El Papa Francisco nos aclara que la justicia que propone Jesús no es como la que busca el mundo, tantas veces manchada por intereses mezquinos, manipulada para un lado o para otro:

"Tal justicia empieza por hacerse realidad en la vida de cada uno siendo justo en las propias decisiones, y luego se expresa buscando la justicia para los pobres y débiles. Es cierto que la palabra «justicia» puede ser sinónimo de fidelidad a la voluntad de Dios con toda nuestra vida, pero si le damos un sentido muy general olvidamos que se manifiesta especialmente en la justicia con los desamparados: «Buscad la justicia, socorred al oprimido, proteged el derecho del huérfano, defended a la viuda". (Gaudete et Exsultate 78)

Al hacernos imagen y semejanza suya, Dios ha puesto en nuestro corazón un anhelo de justicia, de verdad y de amor. En nuestro interior sabemos distinguir entre lo bueno y lo malo, entre la justicia y la injusticia, entre la mentira y la verdad. Hemos sido creados para reproducir en nosotros la imagen de Jesús y nuestros sentimientos tienden hacia la bondad y la ternura.

Tener hambre y sed de justicia es buscar que se realice, en nosotros y en los demás, el mandato de Dios de amar al prójimo como a nosotros mismos. Un amor que se convierte en defensor de la igualdad; un amor que se transforma en hambre y sed de que, cada hombre y mujer, sean tratados con la dignidad de hijos de Dios. Bienaventurados los que dejan que ese sentimiento mueva sus vidas en favor de los demás. Su esfuerzo no será estéril y un día serán testigos del triunfo del amor.

«Bienaventurados porque ellos serán saciados».

Bienaventurados los misericordiosos, porque ellos alcanzarán misericordia.

«Dad y se os dará; una medida buena, apretada, remecida, rebosante pondrán en el halda de vuestros vestidos. Porque con la medida con que midáis se os medirá». (Lucas 6, 38)

Hace muchos años escuche a un Sacerdote Santo, el Padre Richard Thomas, aplicar esta lectura del Evangelio de San Lucas. El Padre Thomas fue de los iniciadores de la Renovación Carismática en las Diócesis de El Paso, Texas y en la Diócesis de Cd. Juárez, México. Él nos dijo: "Cuando Dios te pida hacer algo por los demás, da con generosidad. Si te pide ayudar a un enfermo y tu solamente le das un curita, cuando tengas cáncer y le pidas a Él, te regresará tu curita. Pero si la medida con la que ayudaste fue generosa, Él te dará una medida buena, apretada, remecida y rebosante. Porque con la medida que midas, serás medido".

En esta Bienaventuranza se nos pide ser misericordiosos, ir más allá de la justicia. Ser justo es dar a cada uno lo que merece o lo que le corresponde; pero la misericordia es dar más allá de lo que el otro se ha ganado. Ser misericordioso es dar sin mirar a la persona, sino mirando la necesidad.

En la oración del Padre Nuestro, se nos ha enseñado a pedir: "y perdona nuestras ofensas, así como nosotros perdonamos a los que nos ofenden." Lo que estamos pidiendo es que de la misma manera que nosotros perdonamos, así nos perdone Dios. En otras palabras, que nos midan con la misma medida que nosotros medimos. Por todo esto podemos concluir:

«Bienaventurados porque ellos alcanzarán misericordia».

Bienaventurados los limpios de corazón, porque ellos verán a Dios.

Buscaremos interpretar esta Bienaventuranza desde dos perspectivas diferentes: la primera como causa y efecto y la segunda como acción y recompensa.

Causa y efecto.

En 1979 fui enviado por el Excmo. Sr. Obispo Don Manuel Talamás Camandari, primer Obispo de la Diócesis de Cd. Juárez en México, a tomar un curso de Planificación Pastoral Juvenil en la ciudad de Bogotá, Colombia. Recuerdo que el Profesor de una de las clases: "Revelación, Historia de Salvación", nos dijo estas palabras: "de Dios únicamente percibimos el actuar, a Dios se le percibe con el corazón dirigido hacia Él". Si entrelazamos esta enseñanza con esta Bienaventuranza y con lo dicho por Jesús: *«Porque donde esté tu tesoro, allí estará también tu corazón.»* (Mt. 6, 21), podremos comprender nuestra propia experiencia.

Antes de conocer a Dios, antes de tener ese encuentro personal con Jesús, nuestros ojos estaban puestos en tesoros ajenos a los deseos de Dios. Lo que entonces era importante para nosotros, o lo que acaparaba nuestra atención, no tenía nada que ver con la búsqueda de la voluntad de Dios. Dios actuaba frente a nuestros ojos y nosotros no percibíamos su actuar.

¿Qué sucede cuando experimentamos la presencia de Dios en nuestras vidas gracias a un Retiro, una Hora Santa, ¿una predicación o en un momento de oración después de recibir la Comunión?, en esos momentos privilegiados percibimos la acción de Dios en nosotros. A partir de ese momento fueron cambiando nuestras prioridades, ahora la búsqueda de Dios, la oración, la fe, la conversión, fueron tesoros que desplazaron a los que antes guiaban nuestra vida y nuestro corazón.

Poco a poco nuestro corazón se fue limpiando de impurezas y anhelos desordenados: "El efecto que causa tener un corazón limpio es que nuestros ojos puedan percibir a Dios actuando a nuestro alrededor".

Por el contrario, los que se alejan de Jesús, poco a poco dejan de verlo. Su corazón se dirige a otro tipo de tesoros y sus ojos dejan de percibir a Dios.

Acción y recompensa.

La segunda perspectiva con la que buscaremos interpretar esta Bienaventuranza es sobre la recompensa que se ofrece a los que buscan con sinceridad hacer la voluntad de Dios.

Tener un corazón limpio, además de ser una gracia de Dios, implica también un esfuerzo personal y un sacrificio. Por todos es conocido que el pecado ofrece un deleite y una satisfacción a los sentidos que nos atrae. Para tener un corazón limpio, es necesario rechazar el mal y hacer el bien. Mantener limpio nuestro corazón será una lucha permanente contra las tentaciones que nos ofrecerá el mundo, el demonio y nuestra propia debilidad; la recompensa a nuestro esfuerzo es que al final de nuestras vidas podremos ver a Jesús cara a cara y estaremos en su presencia por toda la eternidad:

«Bienaventurados porque ellos verán a Dios».

Bienaventurados los que trabajan por la paz, porque ellos serán llamados hijos de Dios.

La historia de la humanidad está plagada de muchos conflictos. Hemos sido testigos de enfrentamientos entre personas, esposos, familias, conciudadanos y países. La constante es que toda diferencia o desacuerdo entre las partes desemboque en pleitos, agresiones y enfrentamientos. Es más difícil lograr la paz que iniciar una guerra.

Los que buscan la paz tienen que enfrentarse al rechazo de los demás. Se les califica de personas sin carácter, débiles, incluso cobardes porque evitan las confrontaciones. Tienen que luchar en contra del coraje, el odio, la envidia, la soberbia, el afán de poder, la ambición y la maldad.

Para los que trabajan por la paz, el primer paso es dominar en ellos mismos los sentimientos que avivan los conflictos y purificar las intenciones que motivarán sus acciones. Deben tener como escudo el amor y como bandera la paz. No es tarea fácil traer calma en las tempestades, ni lograr la reconciliación entre los que se han hecho daño. Los que trabajan por la paz son portadores de esperanza e instrumentos del perdón. Los que trabajan por la paz, aún sin saberlo, son instrumentos de Dios y serán recompensados por Él.

«Bienaventurados porque ellos serán llamados hijos de Dios»

Bienaventurados los perseguidos por causa de la justicia, porque de ellos es el Reino de los Cielos.

No debería asombrarnos que la verdad sea perseguida por la mentira y la justicia lo sea por la injusticia.

«Yo les he dado tu Palabra, y el mundo los ha odiado, porque no son del mundo, como yo no soy del mundo». (Juan 17, 14)

En la oración Sacerdotal, que San Juan nos ofrece en su Evangelio, Jesús ruega al Padre por los que, sin ser del mundo, están en el mundo. No pide que los saque del mundo, sino que los guarde del maligno. Los criterios del mundo son diferentes a los criterios del Reino de los Cielos. Vivir de acuerdo con la Palabra de Dios nos pone en contraposición con los que viven a la manera del mundo. Ser perseguido por causa de la justicia es resultado de llevar, más allá de las palabras, el compromiso con la verdad, el amor y la justicia. Es por eso por lo que el mundo nos odia y el maligno nos persigue, porque siendo ciudadanos del Reino, todos nuestros pasos van dirigidos a la realización plena de su voluntad.

«Bienaventurados porque de ellos es el Reino de los Cielos».

Bienaventurados seréis cuando os injurien, y os persigan y digan con mentira toda clase de mal contra vosotros por mi causa. Alegraos y regocijaos, porque vuestra recompensa será grande en los cielos; pues de la misma manera persiguieron a los profetas anteriores a vosotros.

Una de las armas preferidas del maligno, y de los que son del mundo, es la mentira; y por desgracia es una de las más efectivas. Ya desde el paraíso, la serpiente engañó a Eva haciéndole creer que, si comían del fruto del árbol prohibido, serían como dioses, conocedores del bien y del mal. Dios Padre fue el primer injuriado de la historia. Adán y Eva confiaban ciegamente en Dios hasta que la serpiente les hizo creer que mentía. Esta es una táctica utilizada por los que están en contra de Dios y, en consecuencia, en contra de los que están a favor del Reino.

¿Por qué nos injurian y dicen toda clase de mal en contra de nosotros?: ¡por causa de Dios! Ellos son enemigos de Dios y de todo aquel que de alguna forma lo representa. Somos los profetas de hoy que, al igual que los profetas anteriores a nosotros, somos perseguidos con mentitas y con falso testimonio. Buscarán, por todos los medios, desacreditar nuestra palabra y nuestras acciones. Su objetivo es sembrar desconfianza, temor y rechazo. El fin último es que la Palabra de Dios no de fruto en los que nos escuchan.

«Bienaventurados porque su recompensa será grande en el Reino de los Cielos».

5

LOS MISTERIOS DEL REINO.

«Y acercándose los discípulos le dijeron: «¿Por qué les hablas en parábolas?» Él les respondió: «Es que a vosotros se os ha dado el conocer los misterios del Reino de los Cielos, pero a ellos no. Porque a quien tiene se le dará y le sobrará; pero a quien no tiene, aun lo que tiene se le quitará. Por eso les hablo en parábolas, porque viendo no ven, y oyendo no oyen ni entienden. En ellos se cumple la profecía de Isaías: = Oír, oiréis, pero no entenderéis, mirar, miraréis, pero no veréis. Porque se ha embotado el corazón de este pueblo, han hecho duros sus oídos, y sus ojos han cerrado; no sea que vean con sus ojos, con sus oídos oigan, con su corazón entiendan y se conviertan, y yo los sane. = «¡Pero dichosos vuestros ojos, porque ven, y vuestros oídos, porque oyen! Pues os aseguro que muchos profetas y justos desearon ver lo que vosotros veis, pero no lo vieron, y oír lo que vosotros oís, pero no lo oyeron». (Mateo 13, 10-18)

Las parábolas fueron un rasgo típico de la enseñanza de Jesús. Para los discípulos fue motivo de dicha porque: sus ojos vieron y sus oídos oyeron; pero para los que hicieron duros sus oídos, cerraron sus ojos y embotaron su corazón: viendo no vieron y oyendo no entendieron.

Esto mismo pasa hoy en nuestros tiempos, hay personas que han desarrollado una resistencia a la Palabra de Dios que, aunque se les predique, no aceptan y aunque sean testigos del poder de Dios, no creen. Dichosos nosotros, que, por gracia de Dios, hemos dispuesto nuestros oídos y abierto nuestro corazón a su voz.

Escuchemos el mensaje de Dios a través de las parábolas de Jesús:

El que edificó su casa sobre la roca.

«Así pues, todo el que oiga estas palabras mías y las ponga en práctica, será como el hombre prudente que edificó su casa sobre roca: cayó la lluvia, vinieron los torrentes, soplaron los vientos, y embistieron contra aquella casa; pero ella no cayó, porque estaba cimentada sobre roca. Y todo el que oiga estas palabras mías y no las ponga en práctica, será como el hombre insensato que edificó su casa sobre arena: cayó la lluvia, vinieron los torrentes, soplaron los vientos, irrumpieron contra aquella casa y cayó, y fue grande su ruina.» Y sucedió que cuando acabó Jesús estos discursos, la gente quedaba asombrada de su doctrina; porque les enseñaba como quien tiene autoridad, y no como sus escribas». (Mateo 7, 24 -27).

Jesús nos advierte que, durante nuestra vida, caerá lluvia, vendrán torrentes y soplarán vientos. Es una realidad que, en nuestra persona, en nuestra relación matrimonial y en nuestra familia, vamos a experimentar momentos difíciles. Esto es parte de la vida. Problemas financieros, de salud, o circunstancias externas a nosotros, nos harán sentir golpeados por fuertes vientos. Como esposos sufriremos los embates de la lluvia que amenazarán con destruir nuestro matrimonio. Sentiremos torrentes de problemas que impedirán la realización de los sueños de nuestros hijos y los nuestros propios.

El enfoque principal de esta parábola no está en lo que, sin duda va a pasar, sino en las consecuencias que ocasionará haber construido sobre roca o sobre arena.

Construir sobre roca requiere de dos cosas: "oír las palabras de Jesús" y "ponerlas en práctica". Mucha gente considera que detener su camino para escuchar la Palabra de Dios es una pérdida de tiempo. Están muy ocupados en construir su casa, su familia y su persona confiando en los cimientos del éxito profesional, el dinero, o metas personales. Hemos visto derrumbarse grandes "edificios" al ser embestidos por los inevitables problemas de la vida. No quisieron darse cuenta de que construir sin Dios era una insensatez.

Pero para los que quieran edificar su presente y su futuro de manera prudente, la formula está en abrir sus oídos y su corazón a la Palabra de Jesús. La única manera de evitar la catástrofe y la ruina de nuestra casa es vivir de acuerdo con la Palabra que hemos escuchado. Los cimientos que son capaces de soportar la fuerza de los vientos, la intensidad de la lluvia y el poder de los torrentes, son los que están edificados sobre la roca que es: Jesús.

Parábola del Sembrador.

«Una vez salió un sembrador a sembrar. Y al sembrar, unas semillas cayeron a lo largo del camino; vinieron las aves y se las comieron. Otras cayeron en pedregal, donde no tenían mucha tierra, y brotaron enseguida por no tener hondura de tierra; pero en cuanto salió el sol se agostaron y, por no tener raíz, se secaron. Otras cayeron entre abrojos; crecieron los abrojos y las ahogaron. Otras cayeron en tierra buena y dieron fruto, una ciento, otra sesenta, otra treinta. El que tenga oídos, que oiga». (Mateo 13, 3 – 9).

Jesús mismo explica a sus discípulos el significado de esta parábola: *«Sucede a todo el que oye la Palabra del Reino y no la comprende, que viene el Maligno y arrebata lo sembrado en su corazón: éste es el que fue sembrado a lo largo del camino. El que fue sembrado en pedregal, es el que oye la Palabra, y al punto la recibe con alegría; pero no tiene raíz en sí mismo, sino que es inconstante y, cuando se presenta una tribulación o persecución por causa de la Palabra, sucumbe enseguida. El que fue sembrado entre los abrojos, es el que oye la Palabra, pero las preocupaciones del mundo y la seducción de las riquezas ahogan la Palabra, y queda sin fruto. Pero el que fue sembrado en tierra buena, es el que oye la Palabra y la comprende: éste sí que da fruto y produce, uno ciento, otro sesenta, otro treinta».*

En cada uno de los distintos escenarios que se nos presentan en esta parábola, podemos concluir que el resultado final no depende del sembrador, ya que es el mismo en todos los ejemplos. No consiste en la semilla, ya que es de la misma calidad en cada siembra. El que la palabra sembrada produzca o no fruto, o si produce, el porcentaje que producirá depende del tipo de tierra que la recibe. Nuestro corazón es la tierra en la que la Palabra de Dios puede germinar y producir fruto.

La cizaña.

«El Reino de los Cielos es semejante a un hombre que sembró buena semilla en su campo. Pero, mientras su gente dormía, vino su enemigo, sembró encima cizaña entre el trigo, y se fue. Cuando brotó la hierba y produjo fruto, apareció entonces también la cizaña. Los siervos del amo se acercaron a decirle: "Señor, ¿no sembraste semilla buena en tu campo? ¿Cómo es que tiene cizaña?" Él les contestó: "Algún enemigo ha hecho esto." Dícenle los siervos: "¿Quieres, pues, que vayamos a recogerla?" Díceles: "No, no sea que, al recoger la cizaña, arranquéis a la vez el trigo. Dejad que ambos crezcan juntos hasta la siega. Y al tiempo de la siega, diré a los segadores: Recoged primero la cizaña y atadla en gavillas para quemarla, y

el trigo recogedlo en mi granero"». (Mateo 13, 24–30 y 36–43).

Uno de los problemas que enfrentaremos con más frecuencia es la envidia de los demás. El diccionario define a la envidia como: "Un sentimiento de tristeza o enojo que experimenta la persona que no tiene o desearía tener para sí sola algo que otra posee".

En esta parábola encontramos a alguien que, por sus acciones, se gana el calificativo de enemigo. Viene de noche mientras todos duermen, siembra la cizaña sobre la buena semilla y se marcha. Normalmente los que siembran dudas, desconfianza, o mentira sobre nuestra vida o nuestro ministerio, lo hacen a escondidas. Se aprovechan de los que no tienen despierto su discernimiento y que son incapaces de diferenciar entre verdad y mentira, para sabotear la buena semilla. Ellos nunca se quedan a enfrentar lo que sembraron, sino que después de hacer el mal, simplemente se van.

Tendremos la tentación de querer arrancar la cizaña al darnos cuenta de los efectos que produce, pero la mayoría de las veces, lo único que nos queda es esperar que al final, Dios le dé a cada uno lo que se merece.

El grano de mostaza.

«El Reino de los Cielos es semejante a un grano de mostaza que tomó un hombre y lo sembró en su campo. Es ciertamente más pequeña que cualquier semilla, pero cuando crece es mayor que las hortalizas, y se hace árbol, hasta el punto de que las aves del cielo vienen y anidan en sus ramas».

(Mateo 13, 31 – 32)

Qué difícil es para el mundo entender las cosas del cielo con criterios de la tierra. Como se describe al Siervo sufriente en Isaías Capítulo 53: *"No tenía apariencia ni presencia; y no tenía aspecto que pudiésemos estimar"*, sin embargo: *"El soporto el castigo que nos trae la paz y por sus llagas hemos sido sanados"*. En este capítulo se profetiza lo que siglos después pasará con Jesús: los que lo vieron no lo reconocieron porque esperaban un Mesías triunfante que acabara con el dominio del Imperio Romano. Sus criterios humanos les impidieron ver al Salvador del mundo que vino a librarnos del imperio del pecado y de la muerte.

Así llega el Reino de los Cielos, de una manera sencilla, sin aspavientos. Deposita su semilla en nuestro corazón y poco a poco empieza a crecer. Actúa en nosotros produciendo los frutos de Dios: paz, confianza, seguridad, perdón, amor, etc.; casi sin percatarnos, nuestra relación con Dios nos hace tan fuertes que la gente a nuestro alrededor lo empieza a notar. La pequeña semilla que tomamos y sembramos en nuestro corazón, se convierte en un árbol que atrae a las aves que están necesitadas de sombra y protección. Es entones, que nuestros hermanos acuden a nosotros buscando un consejo que los haga anidar una nueva manera de vivir.

La levadura.

«El Reino de los Cielos es semejante a la levadura que tomó una mujer y la metió en tres medidas de harina, hasta que fermentó todo». (Mateo 13, 33).

El Reino de los Cielos se caracteriza por ser: "el Poder de Dios actuando". En cierta ocasión en que Jesús sanó a un endemoniado ciego y mudo, los fariseos lo acusaron de expulsar los demonios por Belcebú, Príncipe de los demonios; Jesús, después de explicarles que un reino dividido contra sí mismo no puede subsistir, declaró: *«Pero si por el Espíritu de Dios expulso yo los demonios, es que ha llegado a vosotros el Reino de Dios».* (Mateo 12, 22-28)

Con la llegada del Reino de Dios, ha llegado a nosotros la manifestación de su Poder. Su presencia siempre va acompañada de su acción. Donde está Dios, siempre suceden cosas. Esta parábola nos habla de una mujer que tomó levadura y la metió en tres medidas de harina, y el resultado fue que fermentó toda la masa. El fruto de la levadura en la harina es que transforma toda la masa. Asimismo, el fruto de la presencia de Dios entre nosotros es que transforma nuestra manera de vivir.

Existen tres áreas que conforman nuestra vida: el área personal, familiar y social. La prueba de que el Reino de los Cielos ha llegado a nosotros es que toda nuestra vida empieza a ser transformada por Dios. Lo que Dios nos pide es que dejemos que su "Levadura" transforme "las tres medidas de harina": nuestra persona, nuestra familia y nuestra sociedad.

El tesoro escondido.

«El Reino de los Cielos es semejante a un tesoro escondido en un campo que, al encontrarlo un hombre, vuelve a esconderlo y, por la alegría que le da, va, vende todo lo que tiene y compra el campo aquel». (Mateo 13, 44)

La primera reacción de quien ha encontrado el Reino de Dios es: "alegrarse". Cuando uno se encuentra con Jesús, se da cuenta que el tesoro que significa estar cerca de Dios siempre ha estado ahí, aunque haya permanecido oculto ante nuestros ojos. Otra reacción es querer obtener esa riqueza cueste lo que cueste o desprendiéndose de lo que sea necesario para adquirirla. Al encontrar el tesoro, el hombre que lo encontró, lo vuelve a esconder porque sabe que no le pertenece todavía, que será necesario pagar el precio para hacerlo suyo.

El encuentro personal con Jesús nos hace experimentar una paz que el mundo no nos da, nos hace sentir amados de una manera que solo Dios puede hacerlo y le da un nuevo sentido a nuestra existencia. No basta haber encontrado el tesoro, es necesario venderlo todo para obtenerlo.

La perla preciosa.

«También es semejante el Reino de los Cielos a un mercader que anda buscando perlas finas, y que, al encontrar una perla de gran valor, va, vende todo lo que tiene y la compra».
(Mateo 13, 45 – 46)

El sujeto de esta parábola es un mercader. Es una persona que tiene la habilidad de comprar y vender; es alguien que tiene la capacidad de evaluar la mercancía para obtener utilidad en toda transacción que realiza. En otras palabras, es un conocedor de lo que compra y de lo que vende.

Lo más probable es que este mercader de perlas finas, durante lo largo de su vida, haya adquirido perlas consideradas por el cómo valiosas. Pero, sucede que un día se encuentra con una perla que, comparada con las otras que posee, es considerada como una perla "de gran valor". Su experiencia y conocimiento le hacen concluir que ninguna de las perlas antes vistas, puede compararse con el valor de la encontrada. Por eso, va y vende todas sus perlas y todas sus propiedades para poder adquirir: "esa perla de gran valor".

El Reino de los Cielos es semejante a esto, durante nuestra vida hemos atesorado perlas que no pueden ser comparadas con la "perla preciosa". Un buen mercader sabe valorar las opciones que se le presentan y aprovecha la oportunidad de conseguir lo más por lo menos.

La red que se hecha al mar.

«También es semejante el Reino de los Cielos a una red que se echa en el mar y recoge peces de todas clases; y cuando está llena, la sacan a la orilla, se sientan, y recogen en cestos los buenos y tiran los malos. Así sucederá al fin del mundo: saldrán los ángeles, separarán a los malos de entre los justos y los echarán en el horno de fuego; allí será el llanto y el rechinar de dientes». (Mateo 13, 47– 50)

El mundo es como el mar en que viven peces de todas clases, unos buenos y otros malos. Los dos tipos de peces comparten la misma agua, el mismo espacio y el mismo alimento. Todo parece indicar que no hay diferencia entre ser bueno o ser malo, hasta que: "la red es echada en el mar y los recoge". Al igual que a los peces de esta parábola, la suerte final de todo hombre y mujer dependerá de la manera en que vivió. Los que decidieron ser justos serán reconocidos por Dios, pero los que decidieron ser malos, serán echados al fuego; allí será el llanto y rechinar de dientes.

El siervo sin entrañas.

«Por eso el Reino de los Cielos es semejante a un rey que quiso ajustar cuentas con sus siervos. Al empezar a ajustarlas, le fue presentado uno que le debía 10.000 talentos. Como no tenía con qué pagar, ordenó el señor que fuese vendido él, su mujer y sus hijos y todo cuanto tenía, y que se le pagase. Entonces el siervo se echó a sus pies, y postrado le decía: "Ten paciencia conmigo, que todo te lo pagaré." Movido a compasión el señor de aquel siervo, le dejó en libertad y le perdonó la deuda. Al salir de allí aquel siervo se encontró con uno de sus compañeros, que le debía cien denarios; le agarró y, ahogándole, le decía: "Paga lo que debes." Su compañero, cayendo a sus pies, le suplicaba:

"Ten paciencia conmigo, que ya te pagaré." Pero él no quiso, sino que fue y le echó en la cárcel, hasta que pagase lo que debía. Al ver sus compañeros lo ocurrido, se entristecieron mucho, y fueron a contar a su señor todo lo sucedido. Su señor entonces le mandó llamar y le dijo: "Siervo malvado, yo te perdoné a ti toda aquella deuda porque me lo suplicaste. ¿No debías tú también compadecerte de tu compañero, del mismo modo que yo me compadecí de ti?" Y encolerizado su señor, le entregó a los verdugos hasta que pagase todo lo que le debía. Esto mismo hará con vosotros mi Padre celestial, si no perdonáis de corazón cada uno a vuestro hermano». (Mateo 18, 23 – 35)

Podemos encontrar la fuerza del mensaje de esta parábola en una sola palabra: "Compasión". El Rey que quiso ajustar cuentas con sus siervos, tenía a su favor varias razones para su reclamo. Primero, él era el rey, le respaldaba la autoridad que tenía sobre sus súbditos. Segundo, el siervo tenía algo que le pertenecía a él, le debía 10,000 talentos. Tercero, en justicia, el siervo debía de regresar lo que se le había prestado o lo que adeudaba. Al no poder pagar, el rey tenía todo el derecho de venderlo junto a su mujer, hijos y posesiones hasta cubrir la deuda. Pero, algo sucedió, ante la súplica del siervo, el rey se compadeció y le perdonó la deuda.

Contrario a lo esperado, el siervo al que se le ha perdonado la deuda de 10,000 talentos no es capaz de compadecerse del que le debía 100 denarios. (Un talento valía aproximadamente 6,000 denarios). Independientemente de la enorme diferencia de las deudas, tanto el rey como el "siervo sin entrañas", tenían el derecho de exigir el pago de lo que les adeudaban. Pero también ambos tuvieron la oportunidad de compadecerse de su prójimo.

La palabra compasión puede definirse como: "Sentimiento de tristeza que produce el ver padecer a alguien y que impulsa a aliviar su dolor o sufrimiento, a remediarlo o a evitarlo". Podemos decir que el que se compadece se pone en el lugar del otro. Es capaz de sentir el dolor, la tristeza, la angustia, el dolor o sufrimiento de alguien más y este sentimiento lo impulsa a hacer algo para evitarlo.

Jesús aplica esta parábola a lo que nos debe de mover para perdonar al que nos ha ofendido o hecho algún mal. Ante esta situación, podemos decir que a nosotros nos asiste todo el derecho de no perdonar o de reclamar el pago justo por la ofensa recibida. No importa el tamaño de la ofensa, la compasión significa: ponernos en el lugar del que, arrepentido pide perdón, sentir su tristeza y perdonarlo para evitar su angustia y sufrimiento.

Los obreros de la viña.

«Entonces Pedro, tomando la palabra, le dijo: «Ya lo ves, nosotros lo hemos dejado todo y te hemos seguido; ¿qué recibiremos, pues?» Jesús les dijo: «Yo os aseguro que vosotros que me habéis seguido, en la regeneración, cuando el Hijo del hombre se siente en su trono de gloria, os sentaréis también vosotros en doce tronos, para juzgar a las doce tribus de Israel. Y todo aquel que haya dejado casas, hermanos, hermanas, padre, madre, hijos o hacienda por mi nombre, recibirá el ciento por uno y heredará vida eterna. «Pero muchos primeros serán últimos y muchos últimos, primeros.». «En efecto, el Reino de los Cielos es semejante a un propietario que salió a primera hora de la mañana a contratar obreros para su viña. Habiéndose ajustado con los obreros en un denario al día, los envió a su viña. Salió luego hacia la hora tercia y al ver a otros que estaban en la plaza parados, les dijo: "Id también vosotros a mi viña, y os daré lo que sea justo." Y ellos fueron. Volvió a salir a la hora sexta y a la nona e hizo lo mismo. Todavía salió a eso de la hora undécima y, al encontrar a otros que estaban allí, les dice: "¿Por

qué estáis aquí todo el día parados?" Dícenle: "Es que nadie nos ha contratado." Díceles: "Id también vosotros a la viña." Al atardecer, dice el dueño de la viña a su administrador: "Llama a los obreros y págales el jornal, empezando por los últimos hasta los primeros." Vinieron, pues, los de la hora undécima y cobraron un denario cada uno. Al venir los primeros pensaron que cobrarían más, pero ellos también cobraron un denario cada uno. Y al cobrarlo, murmuraban contra el propietario, diciendo: "Estos últimos no han trabajado más que una hora, y les pagas como a nosotros, que hemos aguantado el peso del día y el calor." Pero él contestó a uno de ellos: "Amigo, no te hago ninguna injusticia. ¿No te ajustaste conmigo en un denario? Pues toma lo tuyo y vete. Por mi parte, quiero dar a este último lo mismo que a ti. ¿Es que no puedo hacer con lo mío lo que quiero? ¿O va a ser tu ojo malo porque yo soy bueno?". Así, los últimos serán primeros y los primeros, últimos».

(Mateo 19, 27 – Mateo 20, 16)

Esta parábola de los obreros de la viña es parte de la respuesta que da el Señor a Pedro cuando lo cuestiona acerca de: ¿Que recibiremos nosotros que lo hemos dejado todo para seguirte? Jesús le da en respuesta dos promesas; primero la promesa dirigida a los Apóstoles: *«A vosotros que me habéis seguido en la regeneración, o renovación del mundo, cuando el Hijo del Hombre se siente en el trono de gloria, os sentaréis también vosotros en doce tronos, para juzgar a las doce tribus de Israel".* La segunda promesa va dirigida a: *"todo aquel que haya dejado casas, hermanos, hermanas, padre, madre, hijos o hacienda por mi nombre."* La promesa es que recibirán el ciento por uno y heredarán la vida eterna. Pero concluye diciendo: *«Pero muchos primeros serán últimos y muchos últimos, primeros».*

Jesús inicia la parábola con un conector gramatical: "En efecto", estableciendo una relación entre lo que dijo anteriormente y lo que continúa diciendo. La conclusión de ambos relatos también es la misma: *"los últimos serán primeros y los primeros, últimos".*

Son varias las enseñanzas que podemos encontrar: La manera de pensar de Dios es diferente a la nuestra, Todos somos llamados a trabajar para el Reino de Dios, no importa la hora en que nos contratemos, el pago es igual y cuál es la ganancia extra para los que llegaron antes.

La manera de pensar de Dios es diferente a la nuestra.

Qué difícil es para el hombre entender la lógica de Dios. Nuestra tendencia en casi todo lo que hacemos es ser ganadores, ser reconocidos como vencedores de los demás. La madre de los hijos de Zebedeo pide que sus hijos se sienten en el Reino, uno a la derecha y el otro a la izquierda y los apóstoles discuten quien de ellos será el mayor de todos. La manera de pensar de los discípulos de Jesus tiene que cambiar. Nosotros como sus discípulos debemos dejar de luchar por los primeros puestos, quitar de nosotros la búsqueda del reconocimiento y el deseo de ostentar el poder. Jesús dijo: *«Sabéis que los jefes de las naciones las dominan como señores absolutos, y los grandes las oprimen con su poder. No ha de ser así entre vosotros, sino que el que quiera llegar a ser grande entre vosotros, será vuestro servidor, y el que quiera ser el primero entre vosotros, será vuestro esclavo; de la misma manera que el Hijo del hombre no ha venido a ser servido, sino a servir y a dar su vida como rescate por muchos».* (Mateo 20, 25-28). Ser grande a la manera de Dios no es sobresalir y ser reconocido y admirado por todos, sino que, la grandeza está en ser el servidor de todos. Ser el primero no consiste en el rango, la posición o el puesto que se ejerce, sino que, ser el primero está en ser esclavo de los demás. A semejanza de nuestro maestro, hemos sido puestos, no para ser servidos, sino para servir y dar nuestro tiempo, nuestro esfuerzo, nuestro cansancio y hasta nuestra propia vida para que muchos hermanos sean rescatados.

Todos somos llamados a trabajar para el Reino de Dios.

En esta parábola, el propietario de la viña continuamente está buscando trabajadores; sale a diferentes horas del día y contrata a todos los que acepten ser contratados. El Reino de los Cielos es semejante a esto, continuamente Dios está llamando e invitando a trabajar en su Reino a todo aquel que responda a su llamado. El propietario de la viña, al igual que Dios, llama a todos sin distinción. La única pregunta que hace es: ¿Por qué siguen de ociosos? No pide cartas de recomendación, no checa los antecedentes penales, ni exige experiencia previa; lo único que pide es que quieran trabajar. Muchos no se acercan a Dios porque se sienten indignos; creen que lo que han vivido o están viviendo, los descalifica para servir al Señor. La buena noticia es que Jesús no ha venido a llamar a justos, sino a pecadores, porque: *«No necesitan médico los que están fuertes sino los que están mal».* (Mateo 9, 12). Todos sin distinción somos invitados a pertenecer al Reino de Dios y somos llamados para trabajar a su servicio.

No importa la hora en que nos contraten, el pago es igual.

El enfoque principal para Jesús está en la recompensa que obtendrán los que lo sigan. Lo que en verdad importa no es llegar primero o soportar menor o mayor carga de trabajo, lo importante es que al final recibiremos la paga máxima disponible: ¡se nos dará la vida eterna! Cuando los 72 discípulos regresan alegres porque hasta los demonios se les someten en su nombre, Jesús les enseña que no deben alegrarse por eso, sino que su alegría debe estar en que sus nombres estén escritos en los cielos (cf. Lucas 10, 20). Todos nuestros esfuerzos deben estar encaminados en alcanzar la vida eterna.

La ganancia extra para los que llegaron antes.

Aunque al final la paga es la misma, existe una ganancia extra para los que llegaron antes que los demás. Esto lo comprendí hace algunos años mientras daba una catequesis sobre el Reino de los Cielos. Uno de los hermanos, que tenía 78 años y que había encontrado al Señor tres años antes, al escuchar que recibiría la misma paga que otro que había servido a Dios por 35 años expresó lo siguiente: "Como quisiera haber conocido a Dios en mi juventud, aunque al final me paguen lo mismo, me he perdido de estar con Jesús por muchos años". Esta es la ganancia extra, para los que han sido contratados a "primera hora por la mañana", han experimentado su amor desde la juventud; por muchos años han sido testigos de su poder, por mucho tiempo han visto sus oraciones contestadas y han disfrutado de Su Presencia a lo largo de su vida. Si todavía no te has contratado en la viña del Señor: ¡Hoy es el día!

Los dos hijos.

«Pero ¿qué os parece? Un hombre tenía dos hijos. Llegándose al primero, le dijo: "Hijo, vete hoy a trabajar en la viña." Y él respondió: "No quiero", pero después se arrepintió y fue. Llegándose al segundo, le dijo lo mismo. Y él respondió: "Voy, Señor", y no fue. ¿Cuál de los dos hizo la voluntad del padre?» - «El primero» - le dicen. Díceles Jesús: «En verdad os digo que los publicanos y las rameras llegan antes que vosotros al Reino de Dios. Porque vino Juan a vosotros por camino de justicia, y no creísteis en él, mientras que los publicanos y las rameras creyeron en él. Y vosotros, ni viéndolo, os arrepentisteis después, para creer en él». (Mateo 21, 28 – 32)

Hay dos exigencias en esta parábola: "creer y obedecer". Para hacer la voluntad del Padre se necesitan ambas. Solo los que creen, los que están convencidos, obedecerán de tal manera que estarán haciendo la voluntad de Dios. Este mensaje es dirigido a los que sabiendo quien es Dios, no viven de acuerdo con su voluntad. También es aplicable a los que obedecen por obligación, por mantener las apariencias o por su propio interés.

Un verdadero creyente es aquel que, al reconocer la autoridad de Dios sobre él, se arrepiente del mal que ha hecho y obedece porque ama hacer la voluntad de su rey, de su Dios.

Los viñadores homicidas.

«Escuchad otra parábola. Era un propietario que plantó una viña, la rodeó de una cerca, cavó en ella un lagar y edificó una torre; la arrendó a unos labradores y se ausentó. Cuando llegó el tiempo de los frutos, envió sus siervos a los labradores para recibir sus frutos. Pero los labradores agarraron a los siervos, y a uno le golpearon, a otro le mataron, a otro le apedrearon. De nuevo envió otros siervos en mayor número que los primeros; pero los trataron de la misma manera. Finalmente les envió a su hijo, diciendo: "A mi hijo le respetarán." Pero los labradores, al ver al hijo, se dijeron entre sí: "Este es el heredero. Vamos, matémosle y quedémonos con su herencia." Y agarrándole, le echaron fuera de la viña y le mataron. Cuando venga, pues, el dueño de la viña, ¿qué hará con aquellos labradores?» Dícenle: «A esos miserables les dará una muerte miserable arrendará la viña a otros labradores, que le paguen los frutos a su tiempo.» Y Jesús les dice: «¿No habéis leído nunca en las Escrituras: = La piedra que los constructores desecharon, en piedra angular se ha convertido; fue el Señor quien hizo esto y es maravilloso a nuestros ojos? = Por eso os digo: Se os quitará el Reino de Dios para dárselo a un pueblo que rinda sus frutos. Los sumos sacerdotes y los fariseos, al oír sus parábolas, comprendieron que estaba refiriéndose a ellos». (Mateo 21, 33 – 45)

Este mensaje está dirigido a los sumos sacerdotes y a los fariseos que no solamente no rinden los frutos, sino que se han apropiado de la viña. Se puede aplicar a todos los que tienen una responsabilidad dentro de la Iglesia. A todos los niveles, desde Obispos y Sacerdotes, hasta fieles laicos.

A cada uno de nosotros se nos ha encomendado alguna tarea dentro de la Viña que es la Iglesia. Nuestra responsabilidad es tener presente que el dueño de la viña es Dios. Existe el peligro de creer que el área de responsabilidad que nos ha sido confiada nos pertenece y podemos hacer lo que queramos. Otro punto por considerar es que tenemos la obligación de rendir los frutos a su tiempo. Pero los frutos deben de ser los que el dueño está esperando, no los que a nosotros se nos ocurren. En ocasiones no se es fiel a la misión porque hemos perdido la visión que el propietario nos ha revelado. Por último, no olvidemos que si traicionamos la confianza del que nos arrendó la viña, tendremos que enfrentar las consecuencias.

El banquete nupcial.

«El Reino de los Cielos es semejante a un rey que celebró el banquete de bodas de su hijo. Envió sus siervos a llamar a los invitados a la boda, pero no quisieron venir. Envió todavía otros siervos, con este encargo: Decid a los invitados: "Mirad, mi banquete está preparado, se han matado ya mis novillos y animales cebados, y todo está a punto; venid a la boda." Pero ellos, sin hacer caso, se fueron el uno a su campo, el otro a su negocio; y los demás agarraron a los siervos, los escarnecieron y los mataron. Se airó el rey y, enviando sus tropas, dio muerte a aquellos homicidas y prendió fuego a su ciudad. Entonces dice a sus siervos: "La boda está preparada, pero los invitados no eran dignos. Id, pues, a los cruces de los caminos y, a cuantos encontréis, invitadlos a la boda." Los siervos salieron a los

caminos, reunieron a todos los que encontraron, malos y buenos, y la sala de bodas se llenó de comensales. «Entró el rey a ver a los comensales, y al notar que había allí uno que no tenía traje de boda, le dice: "Amigo, ¿cómo has entrado aquí sin traje de boda?" Él se quedó callado. Entonces el rey dijo a los sirvientes: "Atadle de pies y manos, y echadle a las tinieblas de fuera; allí será el llanto y el rechinar de dientes." Porque muchos son llamados, más pocos escogidos». (Mateo 22, 1 – 14)

A nadie se le obliga a aceptar la invitación de Dios. Él nos ha dado el don de la libertad. Nosotros podemos aceptar o rechazar estar en su presencia. Algunos no solamente rechazarán la dicha de pertenecer al Reino, sino que lo atacarán y perseguirán a los elegidos de Dios. Muchos que habían sido invitados, no fueron dignos de entrar a la boda. Los siervos salieron a los caminos y reunieron a todos los que se encontraron, pero al entrar el rey a ver a los comensales, encontró a uno que había entrado sin el traje apropiado y este fue echado fuera de la fiesta. Esto nos hace saber que, para entrar a gozar de la eternidad, es necesario estar preparados, requiere de nosotros un traje digno de la fiesta a la que hemos sido invitados. Aunque la entrada es gratis, será necesario que nuestra alma se haya purificado, que durante nuestra vida nos preparemos para ese gran momento en que estemos frente a nuestro Dios.

Las diez vírgenes.

«Entonces el Reino de los Cielos será semejante a diez vírgenes, que, con su lámpara en la mano, salieron al encuentro del novio. Cinco de ellas eran necias, y cinco prudentes. Las necias, en efecto, al tomar sus lámparas, no se proveyeron de aceite; las prudentes, en cambio, junto con sus lámparas tomaron aceite en las alcuzas. Como el novio tardara, se adormilaron todas y se durmieron. Mas a media noche se oyó un

grito: "¡Ya está aquí el novio! ¡Salid a su encuentro!" Entonces todas aquellas vírgenes se levantaron y arreglaron sus lámparas. Y las necias dijeron a las prudentes: "Dadnos de vuestro aceite, que nuestras lámparas se apagan." Pero las prudentes replicaron: "No, no sea que no alcance para nosotras y para vosotras; es mejor que vayáis donde los vendedores y os lo compréis." Mientras iban a comprarlo, llegó el novio, y las que estaban preparadas entraron con él al banquete de boda, y se cerró la puerta. Más tarde llegaron las otras vírgenes diciendo: "¡Señor, Señor, ¡ábrenos!" Pero él respondió: "En verdad os digo que no os conozco." Velad, pues, porque no sabéis ni el día ni la hora». (Mateo 25, 1 – 13)

Esta parábola nos habla de diez vírgenes que salen al encuentro del novio. Podemos interpretar que, al referirse a vírgenes, nos quiere dar a entender que no han entregado su amor a nadie y que no las han desposado. Al igual que ellas, todos los que hemos oído hablar de Jesús, de una u otra manera, hemos salido a su encuentro y hemos dispuesto nuestro corazón para amarlo y unir nuestras vidas a Él. Cinco de ellas tomaron en serio su compromiso y se prepararon para que su aceite les durara hasta la llegada del novio. Como el novio tardara, se adormilaron todas y se durmieron. Eso nos pasa también a nosotros, con el pasar del tiempo nuestra fe se adormila y nuestra confianza en Dios se duerme. Es necesario estar preparados para que nuestra fe no se apague. El compromiso de mantener la lámpara encendida es personal; los demás pueden aconsejarnos que hacer o adonde ir a llenarla, pero la responsabilidad es solo nuestra. En muchas ocasiones nos parecerá que la respuesta de Dios se tarda en llegar o que nuestras oraciones no son escuchadas, pero en esos momentos la decisión de creer y confiar en Jesús nos abrirá la puerta para el banquete nupcial.

Los talentos.

«Es también como un hombre que, al ausentarse, llamó a sus siervos y les encomendó su hacienda: a uno dio cinco talentos, a otro dos y a otro uno, a cada cual según su capacidad; y se ausentó. Enseguida, el que había recibido cinco talentos se puso a negociar con ellos y ganó otros cinco. Igualmente, el que había recibido dos ganó otros dos. En cambio, el que había recibido uno se fue, cavó un hoyo en tierra y escondió el dinero de su señor. Al cabo de mucho tiempo, vuelve el señor de aquellos siervos y ajusta cuentas con ellos. Llegándose el que había recibido cinco talentos, presentó otros cinco, diciendo: "Señor, cinco talentos me entregaste; aquí tienes otros cinco que he ganado." Su señor le dijo: "¡Bien, siervo bueno y fiel!; en lo poco has sido fiel, al frente de lo mucho te pondré; entra en el gozo de tu señor." Llegándose también el de los dos talentos dijo: "Señor, dos talentos me entregaste; aquí tienes otros dos que he ganado." Su señor le dijo: "¡Bien, siervo bueno y fiel!; en lo poco has sido fiel, al frente de lo mucho te pondré; entra en el gozo de tu señor." Llegándose también el que había recibido un talento dijo: "Señor, sé que eres un hombre duro, que cosechas donde no sembraste y recoges donde no esparciste. Por eso me dio miedo, y fui y escondí en tierra tu talento. Mira, aquí tienes lo que es tuyo." Mas su señor le respondió: "Siervo malo y perezoso, sabías que yo cosecho donde no sembré y recojo donde no esparcí; debías, pues, haber entregado mi dinero a los banqueros, y así, al volver yo, habría cobrado lo mío con los intereses. Quitadle, por tanto, su talento y dádselo al que tiene los diez talentos. Porque a todo el que tiene, se le dará y le sobrará; pero al que no tiene, aun lo que tiene se le quitará. Y a ese siervo inútil, echadle a las tinieblas de fuera. Allí será el llanto y el rechinar de dientes". (Mateo 25, 14 – 30)

Dios ha repartido sus dones de acuerdo a su voluntad. A algunos les ha dado uno, dos o cinco talentos. Todos somos llamados a dar fruto de acuerdo con los dones recibidos. Él se muestra igual de satisfecho con el que le rindió dos, como con el que le generó cinco. Con el único que tiene un gesto de desaprobación, es con el que recibió uno y que por miedo lo enterró. Su Señor lo llama: "siervo malo y perezoso". No podemos justificar el esconder los talentos recibidos a causa del temor o por falsa humildad. Los dones son herramientas de Dios dadas para llevar a cabo su obra en el mundo. Los dones nos "hacen aptos y prontos para ejercer las diversas obras y deberes que sean útiles para la renovación y la mayor edificación de la Iglesia". (LG 12).

Por otra parte, cuando veamos hermanos en los que reconozcamos muchos dones, pensemos que es porque han sido fieles en lo poco y se han ganado la confianza de Dios para recibir los dones que otros no han puesto a trabajar.

La semilla que crece por si sola.

«El Reino de Dios es como un hombre que echa el grano en la tierra; duerma o se levante, de noche o de día, el grano brota y crece, sin que él sepa cómo. La tierra da el fruto por sí misma; primero hierba, luego espiga, después trigo abundante en la espiga. Y cuando el fruto lo admite, en seguida se le mete la hoz, porque ha llegado la siega». (Marcos 4, 26 – 29).

Por alguna razón, aplicaremos la interpretación de esta parábola a la preocupación que sentimos los que somos padres al pensar en el camino que nuestros hijos puedan seguir cuando sean grandes. La Palabra de Dios nos conforta al saber que lo que sembremos en nuestros hijos; ya sea que durmamos o estemos de pie, de noche o de día, y sin que sepamos cómo sucede, dará fruto. San Juan Pablo II al hablar de nuestra función como maestros de oración para nuestros hijos, nos confirma la promesa de que la semilla sembrada dará fruto a su tiempo: *"Elemento fundamental e insustituible de la educación a la oración es el ejemplo concreto, el testimonio vivo de los padres; sólo orando junto con sus hijos, el padre y la madre, mientras ejercen su propio sacerdocio real, calan profundamente en el corazón de sus hijos, dejando huellas que los posteriores acontecimientos de la vida no lograrán borrar".* (F.C. 60).

Los invitados que se excusan.

«Habiendo oído esto, uno de los comensales le dijo: «¡Dichoso el que pueda comer en el Reino de Dios!» Él le respondió: «Un hombre dio una gran cena y convidó a muchos; a la hora de la cena envió a su siervo a decir a los invitados: "Venid, que ya está todo preparado." Pero todos a una empezaron a excusarse. El primero le dijo: "He comprado un campo y tengo que ir a verlo; te ruego me dispenses." Y otro dijo: "He comprado cinco yuntas de bueyes y voy a probarlas; te ruego me dispenses." Otro dijo: "Me he casado, y por eso no puedo ir." «Regresó el siervo y se lo contó a su señor. Entonces, airado el dueño de la casa, dijo a su siervo: "Sal en seguida a las plazas y calles de la ciudad, y haz entrar aquí a los pobres y lisiados, y ciegos y cojos." Dijo el siervo: "Señor, se ha hecho lo que mandaste, y todavía hay sitio." Dijo el señor al siervo: "Sal a los caminos y cercas, y obliga a entrar hasta que se llene mi casa." Porque os digo que ninguno de aquellos invitados probará mi cena».

(Lucas 14, 15 – 24)

Jesús desarrolló esta parábola cuando fue invitado a comer a la casa de uno de los jefes de los fariseos. Nos ayudaría para la comprensión del mensaje, leer todo el capítulo 14 de San Lucas. Jesús notó que los invitados elegían los primeros puestos y les hizo un llamado a sentarse en el último sitio para evitar la humillación de tener que dejar su lugar a alguien más importante. También para recibir el honor de ser reubicado a un mejor lugar, sentenciando que: "el que se ensalce será humillado; y el que se humille, será ensalzado". Dijo también al que lo había invitado que cuando diera un banquete llamara a los pobres, a los lisiados, a los cojos y a los ciegos porque ellos no podrían corresponder a la invitación, y el sería recompensado en la resurrección de los justos.

Habiendo oído esto, uno de los comensales le dijo: «*¡Dichoso el que pueda comer en el Reino de Dios!*» Fue entonces que Jesús presentó esta parábola. La aplicación de este mensaje a nuestras vidas lo haremos tomando en cuenta cuatro aspectos: Primero, los invitados pensaron que era más importante lo que estaban haciendo que el asistir al banquete. Este es un error que con frecuencia se comete, nos enfrascamos en nuestras ocupaciones y les damos más importancia que atender las invitaciones de Dios. Segundo, no reconocieron el honor que significaba el haber sido invitados por ese Señor. Muchos piensan que le hacen un favor a Dios al responder a sus invitaciones. No se dan cuenta que es el mismo Dios quien los ha llamado. Tercero, ninguno de los invitados puede recompensar al Señor que los invitó. ¿Con que podemos pagar la dicha de estar cerca de Jesús? ¿Cómo retribuirle la bendición de poder servirle? No tenemos con que, todo se nos ha dado por su infinita misericordia. Y, por último, los que rechacen la invitación de Dios no comerán en el Reino de los Cielos.

«*Todo esto dijo Jesús en parábolas a la gente, y nada les hablaba sin parábolas, para que se cumpliese el oráculo del profeta: = Abriré en parábolas mi boca, publicaré lo que estaba oculto desde la creación del mundo=». (Mateo 13, 34-35)*

6

LOS HERALDOS DEL REINO.

"Y llamando a sus doce discípulos, les dio poder sobre los espíritus inmundos para expulsarlos, y para curar toda enfermedad y toda dolencia. Los nombres de los doce Apóstoles son éstos: primero Simón, llamado Pedro, y su hermano Andrés; Santiago el de Zebedeo y su hermano Juan; Felipe y Bartolomé; Tomás y Mateo el publicano; Santiago el de Alfeo y Tadeo; Simón el Cananeo y Judas el Iscariote, el mismo que le entregó. A estos doce envió Jesús, después de darles estas instrucciones: «No toméis camino de gentiles ni entréis en ciudad de samaritanos; dirigíos más bien a las ovejas perdidas de la casa de Israel.

Id proclamando que el Reino de los Cielos está cerca. Curad enfermos, resucitad muertos, purificad leprosos, expulsad demonios. Gratis lo recibisteis; dadlo gratis. No os procuréis oro, ni plata, ni calderilla en vuestras fajas; ni alforja para el camino, ni dos túnicas, ni sandalias, ni bastón; porque el obrero merece su sustento. «En la ciudad o pueblo en que entréis, informaos de quién hay en él digno, y quedaos allí hasta que salgáis. Al entrar en la casa, saludadla. Si la casa es digna, llegue a ella vuestra paz; más si no es digna, vuestra paz se vuelva a vosotros. Y si no se os recibe ni se escuchan vuestras palabras, salid de la casa o de la ciudad aquella sacudiendo el polvo de vuestros pies. Yo os aseguro: el día del Juicio habrá menos rigor para la tierra de Sodoma y Gomorra que para aquella ciudad.

«Mirad que yo os envío como ovejas en medio de lobos. Sed, pues, prudentes como las serpientes, y sencillos como las palomas. Guardaos de los hombres, porque os entregarán a los tribunales y os azotarán en sus sinagogas; y por mi causa seréis llevados ante gobernadores y reyes, para que deis testimonio ante ellos y ante los gentiles. Mas cuando os entreguen, no os preocupéis de cómo o qué vais a hablar. Lo que tengáis que hablar se os comunicará en aquel momento. Porque no seréis vosotros los que hablaréis, sino el Espíritu de vuestro Padre el que hablará en vosotros. «Entregará a la muerte hermano a hermano y padre a hijo; se levantarán hijos contra padres y los matarán. Y seréis odiados de todos por causa de mi nombre; pero el que persevere hasta el fin, ése se salvará.

«Cuando os persigan en una ciudad huid a otra, y si también en ésta os persiguen, marchaos a otra. Yo os aseguro: no acabaréis de recorrer las ciudades de Israel antes que venga el Hijo del hombre. «No está el discípulo por encima del maestro, ni el siervo por encima de su amo. Ya le basta al discípulo ser como su maestro, y al siervo como su amo. Si al dueño de la casa le han llamado Beelzebul, ¡cuánto más a sus domésticos! «No les tengáis miedo. Pues no hay nada encubierto que no haya de ser descubierto, ni oculto que no haya de saberse. Lo que yo os digo en la oscuridad, decidlo vosotros a la luz; y lo que *oís al oído, proclamadlo desde los terrados. «Y no temáis a los que matan el cuerpo, pero no pueden matar el alma; temed más bien a Aquel que puede llevar a la perdición alma y cuerpo en la gehenna. ¿No se venden dos pajarillos por un as? Pues bien, ni uno de ellos caerá en tierra sin el consentimiento de vuestro Padre. En cuanto a vosotros, hasta los cabellos de vuestra cabeza están todos contados. No temáis, pues; vosotros valéis más que muchos pajarillos.*

«Por todo aquel que se declare por mí ante los hombres, yo también me declararé por él ante mi Padre que está en los cielos; pero a quien me niegue ante los hombres, le negaré yo también ante mi Padre que está en los cielos. «No penséis que he venido a traer paz a la tierra. No he venido a traer paz, sino espada. Sí, he venido a enfrentar al hombre con su padre, a la hija con su madre, a la nuera con su suegra; y enemigos de cada cual serán los que conviven con él. «El que ama a su padre o a su madre más que a mí, no es digno de mí; el que ama a su hijo o a su hija más que a mí, no es digno de mí. El que no toma su cruz y me sigue detrás no es digno de mí. El que encuentre su vida, la perderá; y el que pierda su vida por mí, la encontrará.

«Quien a vosotros recibe, a mí me recibe, y quien me recibe a mí, recibe a Aquel que me ha enviado. «Quien reciba a un profeta por ser profeta, recompensa de profeta recibirá, y quien reciba a un justo por ser justo, recompensa de justo recibirá. «Y todo aquel que dé de beber tan sólo un vaso de agua fresca a uno de estos pequeños, por ser discípulo, os aseguro que no perderá su recompensa». (Mateo 10)

Jesús llama a doce de sus discípulos para darles la misión de anunciar la Buena Nueva del Reino. San Mateo es el único evangelista que los llama discípulos y también apóstoles. Existe una interrelación entre ser discípulo y ser apóstol. Ser un discípulo significa estar bajo la tutela de un maestro, ser su pupilo o su estudiante. Apóstol significa ser enviado, específicamente en este relato, ser enviado a predicar el Evangelios. Para ser enviado a transmitir la Palabra de Dios se requiere primero ser discípulo, estar a los pies del maestro y permanecer bajo su tutela. Para ser fiel a la misión de anunciar la Buena Noticia, es indispensable seguir siendo un discípulo de Jesús. No debemos anunciar "en el nombre de Jesús" lo que Jesús no ha dicho. Un apóstol es un heraldo, o sea, es un mensajero del Rey. El mensaje que transmite el heraldo no le pertenece, no lo debe modificar ni tampoco interpretar a su manera. La gran responsabilidad de un heraldo es transmitir exactamente el mensaje como le ha sido entregado.

Todos los que de alguna manera hemos recibido la misión de propagar la Buena Nueva, debemos ser fieles al depósito de la fe que se nos ha confiado. Estas son las instrucciones que Jesús da a sus discípulos cuando los envía como los Heraldos del Reino.

Y llamando a sus doce discípulos, les dio poder.

En los otros evangelios sinópticos, el de San Marcos y el de San Lucas, existen elementos adicionales a considerar. Los dos evangelistas hacen referencia a que Jesús subió al monte; mientras San Lucas nos dice que pasó toda la noche en oración con Dios; San Marcos pone énfasis en que llamó a los que Él quiso.

Recordemos que, en la Sagrada Escritura, subir al cerro, al monte o a la montaña, es sinónimo de una experiencia de encuentro con Dios. El arca se posó en los montes de Ararat y ahí Dios habló a Noe; en la montaña del Horeb le es revelado a Moisés el nombre de Dios; en el monte Sinaí son entregadas las Tablas de la Ley; en el Monte Carmelo, el profeta Elías presenta una ofrenda a Dios y el fuego de Yahveh devora el holocausto; es también en un monte donde el profeta Elías experimenta a Dios en "el susurro de una brisa suave"(cf. 1ª Reyes 19,

12); en un monte, Jesús proclama las Bienaventuranzas; y en el monte Tabor, Pedro, Santiago y Juan, son testigos de la transfiguración del Señor.

Los discípulos son llamados al lugar de encuentro con Dios antes de ser enviados. Si dijimos que para ser apóstol es necesario ser discípulo, podemos añadir que para ser apóstol es indispensable vivir la experiencia de encuentro con Dios.

Se nos dice que antes de constituir como apóstoles a sus discípulos, Jesús pasó toda la noche en oración con Dios y después llamó a los que Él quiso. Personalmente me llama la atención que la elección de los apóstoles no está basada en sus cualidades; no llamó a los mejores, a los más preparados, los más altos, los más delgados, los más inteligentes, ni siquiera a los más santos: llamó a los que Él quiso. Después de estar en diálogo con su Padre, la decisión fue simple: los que Dios eligió.

Mientras San Mateo nos dice que: "después de ser llamados, les dio poder", San Lucas dice que: "les dio autoridad y después los envió". Esto es una secuencia, primero llama a los que Dios quiere, después les da el poder y la autoridad que no tenían y por último los envía.

Tres palabras vienen a mi mente en este momento: "Visión, Unción y Misión". Ser discípulos de Jesús toda la vida, nos asegura tener presente en nuestra mente y en nuestro corazón "la visión del Maestro". El discipulado permanente supone que estaremos siempre a sus pies escuchando su voluntad para no perder de vista la obra que debemos realizar. Un discípulo no solo aprende del maestro, sino que busca imitarlo, ser como Él y hacer las cosas a la manera de Él.

La "unción", es el poder y la autoridad para realizar la misión. Los discípulos que serán enviados a predicar, a sanar enfermos y a expulsar demonios, nunca lo han hecho; necesitan ser equipados con los dones necesarios para cumplir esta misión. Necesitarán el poder de Dios, las armas de Dios para lograrlo. Pero también necesitan la autoridad que viene de Dios para ir en su nombre.

Y después de recibir el poder y la autoridad, serán enviados a cumplir "la misión". Los apóstoles, o enviados, deben tener muy claro cuál es su misión. Es muy peligroso un apóstol que, justificándose en la autoridad recibida, realiza una misión que nada tiene que ver con la visión revelada. Pidamos a Dios purifique nuestras intenciones para no buscar nuestra voluntad sino la voluntad del que nos envió.

No toméis camino de gentiles.

En la sagrada Escritura se les llama gentiles a todos los pueblos distintos de los judíos, como descendientes de Abraham, los judíos se consideraban a sí mismos el pueblo elegido por Dios. Los demás pueblos que no adoraban al Dios verdadero vivían de una manera distinta y sus acciones eran contrarias a la ley de Dios.

En este sentido se aplica esta instrucción para los apóstoles. No tomar camino de gentiles significa que no deben transitar los caminos del mal o las sendas de los que ofenden a Dios. La prohibición no es en contra de los gentiles, sino en contra de caminar por sus caminos, vivir como ellos viven y hacer lo que ellos hacen.

Ni entréis en ciudad de Samaritanos.

Los judíos aborrecían a los Samaritanos por ser un pueblo con una religión contaminada por la superstición. Al ser un pueblo formado por una mezcla de gente que provenía de diversas naciones, los Samaritanos, aunque aprendieron a adorar a Yahveh, continuaron adorando sus respectivos dioses.

La prohibición de entrar en ciudad de Samaritanos significa: no dejarnos envolver en el ambiente de los que han contaminado su fe con otras creencias. Especialmente en nuestros días, es muy fácil caer en la ambigüedad. Es muy conveniente cambiar la radicalidad del Evangelio por la relatividad en la interpretación de la verdad. Es un mandato del que nos ha enviado, que el depósito de la fe permanezca intacto.

Dirigíos más bien a las ovejas perdidas de la casa de Israel.

Aunque parte de nuestra misión es anunciar la Buena Nueva a los que no han oído hablar de Jesús, la preocupación del Pastor del rebaño está en encontrar a las ovejas perdidas. Hay muchas personas que se han extraviado, ovejas que estaban en el redil y ahora se encuentran lejos de los cuidados del pastor. Somos enviados para fortalecer a esas almas necesitadas y ayudarles a reencontrar el camino hacia Dios.

Id proclamando.

No dice: "Id y proclamar", sino: "Id proclamando". Lo que Jesús pide a sus mensajeros es que cada momento de su vida sea una predicación. En este sentido, proclamar no es una acción sino un estilo de vida. La voluntad de Dios se transmite con palabras, con acciones y sobre todo con nuestro testimonio. Nuestro caminar por este mundo debe ser una continua proclamación de que el Reino de Dios está cerca.

Curad enfermos, resucitad muertos, purificad leprosos, expulsad demonios.

Hemos sido enviados a sanar, revivir, restablecer y purificar. Somos portadores de su mensaje y también de sus promesas.

«El Espíritu del Señor sobre mí, porque me ha ungido para anunciar a los pobres la Buena Nueva, me ha enviado a proclamar la liberación a los cautivos y la vista a los ciegos, para dar la libertad a los oprimidos y proclamar un año de gracia del Señor. Enrollando el volumen lo devolvió al ministro, y se sentó.

En la sinagoga todos los ojos estaban fijos en él. Comenzó, pues, a decirles: "Esta Escritura, que acabáis de oír, se ha cumplido hoy». (Lucas 4, 18-21)

Las acciones de los Heraldos del Reino están respaldadas por la autoridad y el poder que viene de Dios. No es con su poder, sino con el Poder de Dios; no es con su autoridad, sino que es con la autoridad que le confiere el Reino al que representa. Los discípulos se asombraron cuando Jesús calmó la tempestad y se decían unos a otros: *«¿Quién es este que hasta el viento y el mar le obedecen?»* (Mateo 8, 23 -27). El poder que emanaba de Jesús asombraba a los que eran testigos de sus milagros: ¡Nunca habían visto algo igual!

Como el Padre lo envió a ÉL, Jesús nos envía a nosotros. Somos enviados a anunciar la Buena Nueva a toda criatura. Toda persona debe saber que Dios la ama y necesita experimentar la salvación en Jesucristo. Somos enviados a proclamar la liberación a los cautivos. Muchos hermanos nuestros son esclavos del pecado; los vicios los tienen encadenados y han perdido la posibilidad de vivir la libertad de los hijos de Dios. Enviados a devolver la vista a los ciegos. El mundo necesita abrir sus ojos a la fe, poner en Dios su confianza y optar por el Reino de los Cielos. Somos instrumentos para dar la libertad a los oprimidos. Son muchos los que están oprimidos por la pobreza, la injusticia o la enfermedad. Y para proclamar un año de gracia del Señor. Ser testigos de una era de gracia, de intervención de Dios en favor de la humanidad.

Todo esto, no es en nuestro nombre, sino en el nombre de Jesús; no es con nuestras fuerzas, sino con el Poder de Dios.

«Pedid y se os dará; buscad y hallaréis; llamad y se os abrirá. Porque todo el que pide recibe; el que busca, halla; y al que llama, se le abrirá. ¿O hay acaso alguno entre vosotros que al hijo que le pide pan le dé una piedra; ¿o si le pide un pez, le dé una culebra?

Si, pues, vosotros, siendo malos, sabéis dar cosas buenas a vuestros hijos, ¡cuánto más vuestro Padre que está en los cielos dará cosas buenas a los que se las pidan!». (Mateo 7, 7-11)

Gratis lo recibisteis, dadlo gratis.

Una garantía de que nuestras intenciones han sido purificadas será que no busquemos recompensa a nuestros esfuerzos. Se refiere, no solamente a la recompensa económica, sino a todo tipo de premio que busquemos recibir por hacer lo que es nuestro deber hacer. Hay que cuidar no buscar ser apreciados, reconocidos o galardonados en nuestro ministerio. La bendición de conocer, amar y servir a Dios nos fue dada gratuitamente, compartamos con los demás la alegría de la Buena Nueva.

No os procuréis oro ni plata; porque el obrero merece su sustento.

Este es un llamado a despojarnos de la seguridad que nos dan los bienes materiales y es una invitación a confiar en Él. Los mensajeros del Reino de Dios deben poner su confianza sólo en Dios. El hecho de ser reconocidos como obreros del Reino, nos asegura el respaldo de Dios para nuestro sustento.

Al entrar en la casa, saludadla, si la casa es digna, llegue a ella vuestra paz, si no, vuelva a ustedes.

La paz llegará a todo aquel que quiera recibirla. Los que la rechacen, se harán indignos de ella. Nuestra responsabilidad está en llevar la paz de Dios a donde vayamos, el rechazarla o aceptarla es decisión del que la recibe. Dios nos ha otorgado el poder de bendecir a todos aquellos que son dignos de bendición.

Como ovejas en medio de lobos, prudentes como serpientes, sencillos como palomas.

En este mundo nos vamos a enfrentar a fieras que buscarán devorar nuestra fe y nuestra confianza en Jesús; lobos salvajes que no se detendrán ante nada para frustrar nuestros esfuerzos por extender el Reino de los Cielos. Ante esta advertencia, protejamos esta obra que es de Dios.

La prudencia y la sencillez deberán acompañar en nuestra misión; pero, aunque actuemos con la astucia y prudencia de una serpiente, nuestros actos deben ser inspirados por el amor, en humildad, mansedumbre y sencillez.

Mas cuando os entreguen, no os preocupéis de cómo o que vais a hablar. Porque no seréis vosotros los que hablaréis, sino el Espíritu de vuestro Padre el que hablará en vosotros.

Jesús promete a sus apóstoles la asistencia del Espíritu Santo cuando los hombres los entreguen a los tribunales. El Espíritu de su Padre hablará por ellos, cuando por su causa, sean llevados ante gobernadores y reyes para dar testimonio de Él. Esta promesa llevará a confiar plenamente en Dios y en abandonarse a su intervención. No tendrán que preocuparse de cómo hablar, o que decir, ya que el Espíritu Santo se los comunicará en ese momento.

Seréis odiados por causa de mi nombre, pero el que persevere hasta el fin, ese se salvará.

La razón principal por la que los discípulos de Jesús serán odiados es porque no son del mundo: *«Yo les he dado tu Palabra, y el mundo los ha odiado, porque no son del mundo, como yo no soy del mundo».* (Juan 17,

14). Jesús advierte a sus apóstoles que serán odiados a causa de su nombre. Los que son del mundo buscarán alejarnos del camino de Dios y hacernos vivir como ellos viven. Utilizarán todos los medios a su alcance para desviarnos, convencernos y atraparnos. Pero todo esto lo harán por el odio que sienten hacia el Reino de Dios, y nosotros, al pertenecer al Reino, seremos odiados por la misma causa. En esos momentos la promesa de la vida eterna deberá hacernos perseverar hasta el fin.

Lo que os digo en la oscuridad, decidlo vosotros a la luz; y lo que oís al oído, proclamadlo desde los terrados.

El privilegio de los apóstoles, o enviados de Jesús, es poder escuchar la voz de Dios en lo íntimo del corazón; es tener esa relación personal con Jesús que les habla al oído lo que han de proclamar desde los terrados. Nuestra experiencia de Dios no es para ocultarla, sino para compartirla a los demás. Descubramos la alegría de ver iluminadas las vidas de los demás con la luz que irradia nuestro testimonio.

> *«¿Acaso se trae la lámpara para ponerla debajo del celemín o debajo del lecho? ¿No es para ponerla sobre el candelero? Pues nada hay oculto si no es para que sea manifestado; nada ha sucedido en secreto, sino para que venga a ser descubierto. Quien tenga oídos para oír, que oiga».* (Marcos 4, 21-23)

No temáis a los que matan el cuerpo, más bien a aquel que puede llevar a la perdición alma y cuerpo.

En esta vida nos enfrentamos a enemigos que buscan hacernos daño, es importante clasificarlos por la importancia del mal que pueden ocasionarnos para enfrentar con mayor cuidado a los que más peligro representen.

Cuando estamos conscientes de pertenecer al Reino de Dios, nuestra manera de vivir tendrá que ser diferente a la manera de ser de los que están alejados de Dios. Nuestra fidelidad al mensaje de Jesús se convertirá en constante reproche para los que obran el mal. En múltiples ocasiones no será necesario decirles lo equivocado que están, o la injusticia que están cometiendo, nuestro testimonio será una realidad que juzgará su proceder.

Esto generará en ellos dos posibles reacciones: reconocerán su pecado y se volverán a Dios, o buscarán destruirnos para que no seamos la voz de su conciencia. Alegrémonos por los que ganaremos para Dios y enfrentemos a los que buscarán nuestra ruina. Aquí es donde es importante descubrir a los que sólo pueden matar nuestro cuerpo, de los que, además pueden llevar a la perdición nuestra alma.

En nuestra Iglesia Católica reconocemos como "Mártires" a los que han tenido que enfrentar la muerte por defender su fe; han perdido la vida temporal, pero han salvado su alma y hoy gozan de vida eterna. No tengamos miedo a los enemigos que, no pudiendo perder nuestra alma, busquen ocasionarnos la muerte, temamos más bien, a los que pueden alejarnos de Dios y con ello destruir nuestra vida, logrando al final, que perdamos también la vida eterna.

Pero aún en estos momentos, la Palabra de Dios nos llama a confiar en Él: «*Ni uno de ellos (pajaritos) caerá en tierra sin el consentimiento de vuestro Padre. No temáis, pues vosotros valéis más que muchos pajarillos*». Estamos en sus manos, aún la posibilidad de derramar nuestra sangre por defender la fe necesitará del consentimiento de Dios. En una palabra: nuestra vida, así como nuestra muerte, está en las manos de nuestro Padre amoroso.

> *"¡No tengáis miedo de acoger a Cristo y de aceptar su potestad! Repito hoy con fuerza: ¡Abrid, más aún, abrid de par en par las puertas a Cristo! ¡Dejaos guiar por Él! ¡Confiaos a su amor!".*
> (San Juan Pablo II).

7

LOS PEQUEÑOS DEL REINO.

«En aquel momento se acercaron a Jesús los discípulos y le dijeron: «¿Quién es, pues, el mayor en el Reino de los Cielos?» El llamó a un niño, le puso en medio de ellos y dijo: «Yo os aseguro: si no cambiáis y os hacéis como los niños, no entraréis en el Reino de los Cielos. Así pues, quien se haga pequeño como este niño, ése es el mayor en el Reino de los Cielos. «Y el que reciba a un niño como éste en mi nombre, a mí me recibe. Pero al que escandalice a uno de estos pequeños mí, más le vale que le cuelguen al cuello una de esas piedras de molino que mueven los asnos, y le hundan en lo profundo del mar».

(Mateo 18, 1 - 7)

El llamado de Jesús a ser como niños va más allá de ser un requisito para entrar, sino que es, una herramienta para lograrlo. Hacernos como niños significa incorporar a nuestra manera de ser, características que son naturales en ellos.

Un niño confía ciegamente en sus padres.

Una de las características de los que busquen alcanzar el Reino de los Cielos, será confiar ciegamente como lo hace un niño. Un niño confía plenamente y de manera absoluta en sus padres; no se preocupa por lo que va a comer al día siguiente, si tendrá donde vivir, si tendrá vestido o sustento. Conquistar el Reino requerirá de nosotros abandonarnos en Dios nuestro Padre de manera total, sin restricciones, sin dudar de Él, sin cuestionar sus decisiones; sabiendo que estamos en sus manos y Él cuidará de nosotros y nos dará lo que sea mejor para nosotros.

Un niño se deja amar.

Un niño emocionalmente sano, no solamente es capaz de recibir el cariño de los demás, sino que lo buscará. Un niño necesita sentirse amado para fortalecer su confianza en sí mismo.

Hace algunos días Mague me contó algo que le sucedió en la escuela donde trabaja como maestra. En un salón enseguida del suyo, un niño de 1er. Grado estaba fuera de control, nadie lograba que se calmara y empezaba a tornarse agresivo. Al escuchar los gritos del niño Mague entró a ver qué era lo que sucedía. Cuando el niño vio que ella iba a intervenir se molestó y se fue en su contra. Dice Mague que en ese momento sintió compasión en lugar de coraje y en lugar de defenderse lo abrazó con amor. El niño se abrazó de ella y empezó a llorar, poco a poco se fue calmando y cuando llegó la consejera el niño estaba en paz.

En este caminar hacía la conquista del Reino de los Cielos necesitaremos sentirnos abrazados por Dios continuamente, en los buenos momentos al igual que en los momentos de conflicto o desesperación. Un discípulo deberá ser como un niño que se acurruca en los brazos de sus Padres.

Un niño lo cree todo.

La inocencia de un niño le permite creer todo lo que sus padres le dicen. Un niño que no ha sido defraudado por sus papás tomará como verdadero todo lo que ellos le digan. El llamado de Dios es que le creamos todo lo que nos ha enseñado y que no dudemos de su Palabra. Dios nunca nos ha mentido ni defraudado; mantengamos la inocencia de saber que toda palabra salida de su boca es verdad.

Un niño es sencillo.

La sencillez es una característica del niño que debe ser imitada. Conforme crecemos vamos complicando las cosas, le damos un sentido diferente a lo que hacemos, ocultamos las verdaderas intenciones que motivan nuestro actuar y desconfiamos de todo y de todos. En cambio, los niños les llaman a las cosas como son, hasta decimos que ellos siempre dicen la verdad, aludiendo a la sencillez con que interpretan lo que sucede a su alrededor. Para transitar por el camino de la verdad, tendremos que adquirir esta característica que nos ayudará a purificar nuestras intenciones y nos permitirá llamar a las cosas como son.

Un niño se deja proteger.

Un niño reconoce que necesita un poder mayor al suyo para ser protegido de lo que por sí mismo no puede protegerse. Para alcanzar el Reino se necesita la humildad de reconocer que hay un poder más grande que el nuestro y que existe una sabiduría que rebaza nuestro conocimiento. Debemos reconocer que somos simples creaturas necesitadas del Poder de Dios.

Mantiene lazos de amor con sus padres.

Para un niño es necesario mantener lazos de unión con sus padres, especialmente con su Mamá. Aun cuando empiezan a caminar solos y quisieran recorrer distancias, siempre vuelven al regazo de Mamá. Pareciera que necesitan volver a recargar las pilas para seguir caminando, corriendo o jugando. Es indispensable para un ciudadano del Reino de los Cielos mantener esos mismos lazos de amor con Dios. Aunque aparentemente hayamos aprendido a caminar, es indispensable tener momentos de oración personal que nos permitan renovar fuerzas y descansar de nuestras fatigas.

Y el que reciba a un niño como éste en mi nombre, a mí me recibe.

Es muy probable que Jesús haya utilizado este ejemplo para hacernos ver la importancia de aceptar, recibir, amparar y proteger a un niño en su nombre. Una acción que significa para Jesús como si lo hubiéramos hecho por Él mismo. Pero, tomando en cuenta la advertencia de que: "el que no cambie y se haga como niño no entrará en el Reino de los Cielos", nos hace pensar que bien podemos decir que no solo se refería a los niños de edad sino también el llamado es a recibir a los que por amor al Reino se han hecho como niños.

Pero al que escandalice a uno de estos pequeños que creen en mí, más le vale que le cuelguen al cuello una de esas piedras de molino que mueven los asnos, y le hundan en lo profundo del mar.

Esta es una advertencia que debe resonar en nuestro interior toda la vida. El castigo reservado para los que escandalicen a los que creen en Jesús es tan terrible que ser arrojado al mar con una piedra de molino colgada al cuello resulta un castigo menor.

Para escandalizar a alguien no se requiere hablar, dañar u ofender, es nuestra manera de vivir la que hablará por nosotros. Jesús se está dirigiendo a los que han expresado su deseo de pertenecer al Reino, a los que han escuchado su voz y han decidido seguirlo. Ser motivo de escándalo significa que nuestra manera de vivir contradice lo que hemos predicado. Escandalizar a uno de los pequeños que creen en Jesús es ser piedra de tropiezo para los que confiaron que podríamos conducirlos por el camino correcto. Se escandaliza cuando, por nuestro egoísmo, abandonamos a Jesús para ir en pos de otros dioses. Escandalizamos cuando no procuramos ser tan buenos y tan santos como nuestro testimonio requiere.

Por el don de la libertad, se nos ofrecen dos opciones: La primera es ser recompensados por lo que hagamos por los demás de la misma manera que lo seriamos si lo hiciéramos por Jesús, o ser arrojados a lo profundo del mar con una piedra de molino atada a nuestro cuello si optamos por escandalizar a uno de los pequeños que creen en Jesús. La decisión es nuestra.

8

LA IMPORTANCIA DEL REINO DE LOS CIELOS.

«Por eso os digo: No andéis preocupados por vuestra vida, qué comeréis, ni por vuestro cuerpo, con qué os vestiréis. ¿No vale más la vida que el alimento, y el cuerpo más que el vestido? Mirad las aves del cielo: no siembran, ni cosechan, ni recogen en graneros; y vuestro Padre celestial las alimenta. ¿No valéis vosotros más que ellas? Por lo demás, ¿quién de vosotros puede, por más que se preocupe, añadir un solo codo a la medida de su vida? Y del vestido, ¿por qué preocuparos? Observad los lirios del campo, cómo crecen; no se fatigan, ni hilan. Pero yo os digo que ni Salomón, en toda su gloria, se vistió como uno de ellos. Pues si a la hierba del campo, que hoy es y mañana se echa al horno, Dios así la viste, ¿no lo hará mucho más con vosotros, hombres de poca fe? No andéis, pues, preocupados diciendo: ¿Qué vamos a comer?, ¿qué vamos a beber?, ¿con qué vamos a vestirnos? Que por todas esas cosas se afanan los gentiles; pues ya sabe vuestro Padre celestial que tenéis necesidad de todo eso. Buscad primero su Reino y su justicia, y todas esas cosas se os darán por añadidura. Así que no os preocupéis del mañana: el

mañana se preocupará de sí mismo. Cada día tiene bastante con su propio mal». (Mateo 6, 25-34)

Tan importante que todo lo demás se convierte en añadidura.

De diferentes maneras Jesus nos hace ver lo importante que es buscar primero el Reino de los Cielos. ¿Pero, porqué es tan importante buscar el Reino de Dios? Lo ilustraremos desde la experiencia de San Agustín. Una de sus expresiones más conocidas es: *"Nos hiciste para Ti y nuestro corazón está inquieto hasta que descanse en Ti"*. San Agustín fue un hombre en continua búsqueda, aunque fue educado en la fe cristiana, muy pronto se aleja de Dios y emprende una vida abierta a transitar las sendas que pudieran llenar el vacío de su corazón. Logra el éxito profesional, tiene muchas amistades, encuentra el amor, se divierte satisfaciendo sus deseos y viviendo en el pecado. Aunque Agustín era muy admirado y exitoso, no era feliz, a pesar de lo que había experimentado y los logros alcanzados, su vida carecía de sentido.

Dios nos creó para vivir en su presencia y para que experimentemos su amor. El hombre y la mujer tienen en su corazón un vacío que sólo Dios puede llenar; ni las cosas, las personas, los logros, ni el dinero pueden llenar ese hueco porque está reservado para Dios. Si buscamos el Reino de Dios, muchas cosas que ahora anhelamos, pronto carecerán de importancia. Si nos encontramos con Jesús, buscaremos lo que verdaderamente importa y todo lo demás, se nos dará por añadidura.

Si uno de nuestros miembros es ocasión de pecado, es preferible perderlo que ser arrojado al infierno con él.

«Si, pues, tu ojo derecho te es ocasión de pecado, sácatelo y arrójalo de ti; más te conviene que se pierda uno de tus miembros, que no que todo tu cuerpo sea arrojado a la gehenna. Y si tu mano

derecha te es ocasión de pecado, córtatela y arrójala de ti; más te conviene que se pierda uno de tus miembros, que no que todo tu cuerpo vaya a la gehenna». (Mateo 5, 29 – 30)

La perspectiva de Dios es muy diferente a la nuestra. Mientras nosotros tenemos nuestros ojos puestos en lo temporal y en lo humano, Dios tiene ante sí lo eterno y lo divino. Perder un ojo o una mano para nosotros es una calamidad, para Dios, una verdadera catástrofe es que perdamos nuestra alma.

Merece, para algunos, una entrega total absteniéndose del matrimonio.

«Pero él les dijo: «No todos entienden este lenguaje, sino aquellos a quienes se les ha concedido. Porque hay eunucos que nacieron así del seno materno, y hay eunucos que se hicieron tales a sí mismos por el Reino de los Cielos. Quien pueda entender, que entienda». (Mateo 19, 11-12)

Para los que hemos abrazado la vocación matrimonial, sabemos de la gran responsabilidad que es tener una familia. Nuestro compromiso de proveer casa, comida, sustento, educación, bienestar, guía, ayuda, apoyo, protección, ejemplo, compañía, amor y cuidado a nuestros hijos, requiere de toda nuestra atención, esfuerzo y dedicación. Tener un cónyuge con quien compartir la vida es una bendición que algunos, por amor al Reino, están dispuestos a sacrificar. La dicha de ser padres y ver su descendencia, es una ofrenda que algunos han de ofrecer para entregarse con un corazón que esté dispuesto exclusivamente para Dios.

Nos dice la Palabra de Dios que no todos entienden ese lenguaje, sino aquellos que se les ha concedido. Por esa razón no nos debe de extrañar que el mundo rechace esta forma de consagrarse a Dios de manera total de los sacerdotes, religiosos, religiosas y laicos de vida consagrada. Es una bendición para la Iglesia contar con hermanos y hermanas para los que su única preocupación es extender el Reino de los Cielos aquí en la Tierra.

"La santidad de la Iglesia también se fomenta de una manera especial con los múltiples consejos que el Señor propone en el Evangelio para que los observen sus discípulos. Entre ellos destaca el precioso don de la divina gracia, concedido a algunos por el Padre (cf. Mt 19, 11; 1 Co 7, 7) para que se consagren a solo Dios con un corazón que en la virginidad o en el celibato se mantiene más fácilmente indiviso (cf. 1 Co 7, 32-34). Esta perfecta continencia por el reino de los cielos siempre ha sido tenida en la más alta estima por la Iglesia, como señal y estímulo de la caridad y como un manantial extraordinario de espiritual fecundidad en el mundo". (Lumen Gentium 42)

Que merece, si es necesario, que nos despojemos de nuestros bienes materiales.

«Jesús le dijo: «Si quieres ser perfecto, anda, vende lo que tienes y dáselo a los pobres, y tendrás un tesoro en los cielos; luego ven, y sígueme.» Al oír estas palabras, el joven se marchó entristecido, porque tenía muchos bienes. Entonces Jesús dijo a sus discípulos: «Yo os aseguro que un rico difícilmente entrará en el Reino de los Cielos. Os lo repito, es más fácil que un camello entre por el ojo de una aguja, que el que un rico entre en el Reino de los Cielos». (Mateo 19, 21-24)

Alcanzar el Reino de los Cielos es una elección que requerirá que nosotros hagamos a un lado todo lo que nos estorba para lograrlo. El problema de este joven no fue que tenía muchos bienes, sino que las riquezas eran para él, el tesoro más apreciado en su corazón. Si verdaderamente queremos ser perfectos y tener un tesoro en los cielos, tendremos que soltar el lastre que nos impida seguir a Jesús.

Tan importante que Dios Padre entregó a su Hijo único.

Aunque hemos reflexionado acerca de la importancia que debe de tener para nosotros el Reino de los Cielos, en este último punto veremos la importancia que tiene para Dios Padre que nosotros alcancemos la vida eterna.

Probablemente la manera más eficaz de medir el amor que alguien nos tiene es reconocer el tamaño del sacrificio que está dispuesto a hacer por nosotros. Dios Padre nos ama de tal manera que ha sido capaz de entregar lo que más ama, ha entregado a su Hijo único Jesucristo en sacrificio por la salvación de nuestras almas.

«Porque tanto amó Dios al mundo que dio a su Hijo único, para que todo el que crea en él no perezca, sino que tenga vida eterna». (Juan 3, 16)

9

LAS EXIGENCIAS DEL REINO.

Ser ciudadanos del Reino de los Cielos exigirá de nosotros vivir una vida diferente a la de los demás. Nuestra filiación al Reino se demuestra con nuestra forma de pensar, de ser y de actuar en el mundo. Estas exigencias moldearán nuestra persona y nos ayudarán para ser fieles al llamado que se nos ha hecho.

Amarás al Señor, tu Dios, con todo tu corazón, con toda tu alma, con toda tu mente y con todas tus fuerzas.

«Acercóse uno de los escribas que les había oído y, viendo que les había respondido muy bien, le preguntó: «¿Cuál es el primero de todos los mandamientos?» Jesús le contestó: «El primero es: Escucha, Israel: El Señor, nuestro Dios, es el único Señor, y amarás al Señor, tu Dios, con todo tu corazón, con toda tu alma, con toda tu mente y con todas tus fuerzas. El segundo es: Amarás a tu prójimo como a ti mismo. No existe otro mandamiento mayor que éstos.» Le dijo el escriba: «Muy bien, Maestro; tienes razón al decir que Él es único y que no hay otro

> *fuera de Él, y amarle con todo el corazón, con toda la inteligencia y con todas las fuerzas, y amar al prójimo como a si mismo vale más que todos los holocaustos y sacrificios.» Y Jesús, viendo que le había contestado con sensatez, le dijo: «No estás lejos del Reino de Dios».* (Marcos 12, 28-34)

La primera exigencia del Reino de Dios es amarlo a Él por sobre todas las cosas. Este mandamiento, que es el mayor de todos, no nos habla de obedecer, temer, reverenciar, o rendir culto, nos habla de amar. Nos enseña de qué manera ha de ser nuestro amor por Dios. El mundo piensa que las exigencias de Dios le favorecen a Él, pero todas sus normas y preceptos van encaminados a nuestro bienestar y nuestra felicidad.

Nos pide amarlo con todo el corazón. Dios sabe que la mejor protección para nuestras vidas es que nuestros sentimientos vayan dirigidos hacia Él. Si nuestro corazón está lleno de amor por Dios, no habrá cabida para el odio, el rencor y la envidia. Nuestro corazón será una fuente de buenos sentimientos, amor, ternura, cariño y misericordia.

Amarlo con toda nuestra alma. De acuerdo a "la división tripartita del alma" de San Agustín, son tres las potencias del alma: memoria, entendimiento y voluntad. Al pedirnos Dios amarlo con toda nuestra alma, implica que en nuestra memoria, al guardar nuestro pasado y proyectar nuestro futuro, podamos percibir la presencia amorosa de Dios y estar conscientes de nuestra relación de amistad con Él. Que nuestro entendimiento vaya descubriendo en lo cotidiano de nuestro existir, la mano poderosa de Dios que actúa en nuestras vidas. Que nuestra voluntad sea fortalecida por un deseo inquebrantable de serle fiel hasta el último día de nuestra vida.

Amarlo con toda nuestra mente. Santa Teresa de Jesús nos habla de "las dificultades que normalmente tiene el hombre al entablar y prolongar su trato con Dios. Dificultades que provienen de nuestra interioridad en desorden; fuerzas que no obedecen fácilmente al mando de la razón, ni al imperativo del amor". Lo primero que se debe de hacer para amar a Dios con toda nuestra mente, es amar a Dios "en" nuestra mente, donde nuestros pensamientos e imaginación buscan lo que más los atrae o lo que más desean. Impregnar nuestra mente de amor por Dios nos permitirá subyugar nuestros pensamientos y dirigirlos a Él.

Por último, amarlo con todas nuestras fuerzas significa que nuestro amor por Dios nunca debe disminuir en intensidad. Que nuestro entusiasmo por agradarle sea continuo y que sea motivo de gran alegría poder estar en su Presencia.

Amarás a tu prójimo como a ti mismo.

Esta exigencia de amar al prójimo, Jesús la relaciona con la exigencia de amar a Dios diciendo: *"No existe otro mandamiento mayor que éstos"*. ¿Será por qué?: *«Si alguno dice: "Amo a Dios", y aborrece a su hermano, es un mentiroso»*. (1ª Juan 4, 20), porque: "en el atardecer de la vida, seremos juzgados en el amor". (San Juan de la Cruz), porque: "hay que dar hasta que duela y cuando duela hay que dar más". (Santa Teresa de Calcuta), o porque: *«Cuanto hicisteis a unos de estos hermanos míos más pequeños, a mí me lo hicisteis»*. (Mateo 25, 40).

El que ama a Dios, ama lo que Dios más ama: "Sus hijos".

Ser sal.

«Vosotros sois la sal de la tierra. Mas si la sal se desvirtúa, ¿con qué se la salará? Ya no sirve para nada más que para ser tirada afuera y pisoteada por los hombres». (Mateo 5, 13)

Hace muchos años, Don Manuel Talamás Camandari (Q.E.P.D), primer obispo de Cd. Juárez, Chihuahua, mi ciudad natal en México, nos hablaba sobre la relación que existe entre "el ser y el quehacer".

Recuerdo que nos decía que una licuadora es licuadora porque licúa y una lavadora es lavadora porque lava. Si la licuadora deja de licuar, ya no es licuadora; y si la lavadora deja de lavar, ya no es lavadora.

Nosotros hemos sido puestos para ser la sal de la tierra, nuestro quehacer en este mundo es hacer lo que la sal hace y servir para lo que la sal sirve. Aunque son muchos los usos que se le dan a la sal, nos enfocaremos en dos de sus propiedades. La sal sirve para dar sabor y sirve para preservar la comida.

Hemos sido puestos para dar sabor.

Nuestro quehacer como sal de la tierra es dar sabor a nuestra vida y a la vida de los demás. Una de las características de los cristianos es su confianza y abandono en Dios. La persona que ha tenido un encuentro personal con Jesús, dará testimonio que su vida ha cambiado y que su manera de percibir la vida es muy diferente. Ahora siente una alegría y una paz nunca antes experimentadas y su vida tiene un sabor diferente.

Esta experiencia de fe nos capacita para dar sabor a los que están a nuestro alrededor. Como esposos, hermanos y padres, nuestra responsabilidad es hacer de nuestra relación familiar una experiencia digna de saborearse. Todo lo que hacemos debe tener el sello de eternidad. Por dondequiera que pasemos, nuestras palabras y nuestras acciones deberán estar encaminadas a hacer que la vida de los demás sea sazonada por el amor de Dios.

Nuestra función es preservar.

De la misma manera que la sal se utiliza para impedir que la comida se corrompa, al ser sal de la tierra nuestra función es evitar que nuestra familia y nuestros hermanos se corrompan y se alejen de Dios.

Debemos ser instrumentos de paz donde el odio, los rencores y los resentimientos buscan destruir a nuestras familias. Instrumentos de esperanza ante la ola de desaliento y decepción que inunda al mundo. Debemos ser un factor de cambio para los que han elegido el camino del mal y debemos ser portadores de la Palabra de Dios que es capaz de transformarlo todo.

Pero si nos desvirtuamos y dejamos de hacer lo que debemos hacer, entonces, ya no seremos lo que fuimos llamados a ser: "Sal de la tierra".

Ser luz.

«Vosotros sois la luz del mundo. No puede ocultarse una ciudad situada en la cima de un monte». (Mateo 5, 14)

El significado que debe de ser para nosotros ser la luz del mundo, lo aplicaremos a nuestras vidas interpretando tres características de la luz: vence a las tinieblas, sirve para iluminar y es guía para el camino.

La luz vence las tinieblas.

Así como un pequeño cerillo encendido hace retroceder las tinieblas más profundas, nuestro oficio como luz del mundo nos capacita para vencer con criterios evangélicos, las formas de pensar que se han alejado de la verdad, la justicia y la santidad. Somos llamados a vencer el mal haciendo el bien y a vencer el odio con las armas del perdón y del amor.

La luz sirve para iluminar.

Además de vencer a las tinieblas, la luz sirve para iluminar en tiempos de oscuridad. La vida de muchos de nuestros hermanos carece de sentido, y aunque no vivan en completa oscuridad, necesitan ser iluminados por la certeza de saberse amados por Dios. Compartirles la experiencia de sentir un Dios cercano al que pueden acudir en todo momento, nos permitirá ser instrumentos para iluminar sus vidas.

La luz guía y da certeza en el camino.

Para los marinos en tiempos de tormenta, ver la luz del faro representa la seguridad de llegar a salvo a su destino. Hemos sido puestos como ese faro en medio de la tormenta para guiar a nuestras familias y a nuestros hermanos a un lugar seguro. Nuestra luz deberá situarse en lugares altos, a la vista de todos, no podemos esconder la gracia que se nos ha dado. Como una ciudad situada en la cima de un monte, nuestra luz será vista por todos y nos será imposible ocultar la dicha que sentimos de amar y servir a nuestro Dios.

Que el mundo pueda ver nuestras buenas obras.

«Brille así vuestra luz delante de los hombres, para que vean vuestras buenas obras y glorifiquen a vuestro Padre que está en los cielos». (Mateo 5, 16)

El llamado de Dios es que nuestro testimonio sea patente en cada una de las acciones de nuestra vida. Que nuestra manera de hablar, de ser y de actuar testifique ante los demás la luz de Cristo que ha iluminado nuestra vida. La fuerza de esta exigencia no está en que vean nuestra luz, sino en que viendo nuestras buenas obras, Dios sea glorificado.

Observar los mandamientos y enseñarlos a los demás.

«Por tanto, el que traspase uno de estos mandamientos más pequeños y así lo enseñe a los hombres, será el más pequeño en el Reino de los Cielos; en cambio, el que los observe y los enseñe, ése será grande en el Reino de los Cielos». (Mateo 5, 19)

Dos acciones, una advertencia y una promesa componen esta

exigencia del Reino.

Lo primero que hace Jesús es advertirnos de las consecuencias que enfrentarán los que traspasen, aunque sea, uno de los mandamientos más pequeños y enseñe a otros a hacer lo mismo. Aún sin saberlo podemos convertirnos en "modelos de vida" para otros. Para los que son atraídos por el mal, nuestras transgresiones serán como una invitación a hacer lo mismo. Nuestras malas acciones, así como nuestros malos consejos, alejarán a nuestros hermanos del camino del bien y la consecuencia para el que haga esto es que: "será el más pequeño en el Reino de los Cielos".

Son dos acciones las que determinarán si hemos cumplido con esta exigencia: somos llamados a observar los mandamientos y a enseñar a otros a cumplirlos. Si tenemos la oportunidad de inspirar a alguien, sembremos en ellos el anhelo de ser fieles y la esperanza de ser parte del Reino de Dios.

Por último, la recompensa: "será grande en el Reino de los Cielos". Si bien la recompensa o bendición más grande a la que podemos aspirar es alcanzar el Reino, ser fieles a sus mandatos y transmitir a otros su voluntad, hará que seamos reconocidos por nuestras acciones ante Dios.

Que nuestra justicia sea mayor que la de los fariseos.

«Porque os digo que, si vuestra justicia no es mayor que la de los escribas y fariseos, no entraréis en el Reino de los Cielos». (Mateo 5, 20)

Los escribas y fariseos conocían a la perfección las escrituras y se basaban en ellas para moldear su manera de actuar y reaccionar ante las circunstancias de la vida. En el verso 17 de este mismo capítulo,

Jesús nos dice que no ha venido a abolir la Ley y los Profetas, sino a dar cumplimiento. La ley dice: No matarás, el límite de los escribas y fariseos era no provocar la muerte pero Jesús viene a decir: que todo aquel que se encolerice con su hermano, le llame imbécil o le llame renegado, será reo ante el tribunal, ante el Sanedrín y será reo de la gehena de fuego. Ellos sabían perfectamente que tipo de ofrenda presentar para pedir perdón o agradecer a Dios. Ellos eran justos y presentaban lo que el mismo Dios había pedido, pero Jesús les dice que si al presentar la ofrenda en el altar recuerdan que un hermano suyo tiene algo en su contra, deben de dejar la ofrenda e ir a reconciliarse con ese hermano, y sólo después, volver y presentar la ofrenda.

De la misma manera habló del mandamiento que obliga a no cometer adulterio y que, de alguna manera, les permitía mirar a las mujeres deseándolas, ya que la prohibición consistía en no tener relaciones sexuales con ellas. Jesús les hace saber que con mirar a una mujer deseándola, con ello se comete adulterio en el corazón. Y de la misma manera aplica a los demás mandamientos, normas y preceptos.

Este es el llamado para nosotros, que nuestra justicia sea mayor y más perfecta que la que usan algunos para justificarse. Ante el odio, el amor; ante el rencor, el perdón; ante la justicia, la misericordia; y ante la perfección, la santidad.

Vivir en paz con los hermanos.

> *«Ponte enseguida a buenas con tu adversario mientras vas con él por el camino; no sea que tu adversario te entregue al juez y el juez al guardia, y te metan en la cárcel. Yo te aseguro: no saldrás de allí hasta que no hayas pagado el último céntimo».*
> (Mateo 5, 25-26)

En este caminar que es la vida, nos hemos enfrentado a situaciones en las que hemos tenido algún conflicto con alguien. Hemos tenido desde diferencias de opinión hasta batallas defendiendo lo que consideramos nuestro. Toda moneda tiene dos caras, al igual que en todo pleito hay culpa de los dos lados y razón en ambas partes.

La invitación de Jesús es buscar la paz por encima de todo. Mientras coincidamos en el mismo camino con nuestro adversario, aprovechar la oportunidad para hacer de nuestro enemigo un hermanos y de nuestro adversario un amigo.

No jurar, sólo decir sí o no.

«Habéis oído también que se dijo a los antepasados: = No perjurarás, sino que cumplirás al Señor tus juramentos. = Pues yo digo que no juréis en modo alguno: ni por el = Cielo =, porque es = el trono de Dios, = ni por = la Tierra, = porque es = el escabel de sus pies; = ni por = Jerusalén =, porque es = la ciudad del gran rey. = Ni tampoco jures por tu cabeza, porque ni a uno solo de tus cabellos puedes hacerlo blanco o negro. Sea vuestro lenguaje: "Sí, sí"; "no, no": que lo que pasa de aquí viene del Maligno». (Mateo 5, 33)

Cuando nuestra palabra necesita ser respaldada por algo más, es posible que sea porque no hemos sabido ganarnos la confianza de los demás. Nuestra vida ha de ser transparente para que la sencillez de un "si", o un "no" sea suficiente.

Amar hasta a los enemigos.

«Habéis oído que se dijo: = Ojo por ojo y diente por diente. = Pues yo os digo: no resistáis al mal; antes bien, al que te abofetee en la mejilla derecha ofrécele también la otra: al que quiera pleitear contigo para quitarte la túnica déjale también el manto; y al que te obligue a andar una milla vete con él dos. A quien te pida da, y al que desee que le prestes algo no le vuelvas

la espalda. «Habéis oído que se dijo: = Amarás a tu prójimo = y odiarás a tu enemigo. Pues yo os digo: Amad a vuestros enemigos y rogad por los que os persigan, para que seáis hijos de vuestro Padre celestial, que hace salir su sol sobre malos y buenos, y llover sobre justos e injustos. Porque si amáis a los que os aman, ¿qué recompensa vais a tener? ¿No hacen eso mismo también los publicanos? Y si no saludáis más que a vuestros hermanos, ¿qué hacéis de particular? ¿No hacen eso mismo también los gentiles? Vosotros, pues, sed perfectos como es perfecto vuestro Padre celestial». (Mateo 5, 38-48)

"Hijo de tigre, pintito" y "de tal palo, tal astilla". Estos son dos refranes populares utilizados para honrar el parecido de un hijo a su padre. Amar a nuestros enemigos, es asemejarnos a Dios nuestro padre que hace llover sobre justos e injustos y hace salir el sol sobre buenos y malos. Es más fácil hacer el mal que hacer el bien. Reaccionar con maldad ante el mal que nos hacen, es muy fácil, sólo basta con dejarse llevar por el coraje y el deseo de venganza. Pero, hacer el bien a los que nos hacen mal, requiere de un gran esfuerzo por querer ser perfectos como nuestro Padre celestial es perfecto.

Dar limosna en secreto.

«Cuidad de no practicar vuestra justicia delante de los hombres para ser vistos por ellos; de lo contrario no tendréis recompensa de vuestro Padre celestial. Por tanto, cuando hagas limosna, no lo vayas trompeteando por delante como hacen los hipócritas en las sinagogas y por las calles, con el fin de ser honrados por los hombres; en verdad os digo que ya reciben su paga. Tú, en cambio, cuando hagas limosna, que no sepa tu mano izquierda lo que hace tu derecha; así tu limosna quedará en secreto; y tu Padre, que ve en lo secreto, te recompensará». (Mateo 6, 1–4)

En esto consiste el fariseísmo, en practicar la justicia y la limosna para ser vistos o para ser honrados por los hombres. La recompensa que buscan los que así obran, es el reconocimiento de los demás. No les importa ni el prójimo al que ayudan, ni el Dios al que sirven, sólo les interesa ser alabados por sus "buenas obras". Por el contrario, los que son ciudadanos del Reino, practican la justicia y dan limosna por amor a Dios y a sus semejantes. Incluso lo hacen sin buscar recompensa, su único deseo es agradar a Dios.

Orar en lo secreto.

«Y cuando oréis, no seáis como los hipócritas, que gustan de orar en las sinagogas y en las esquinas de las plazas bien plantados para ser vistos de los hombres; en verdad os digo que ya reciben su paga. Tú, en cambio, cuando vayas a orar, = entra en tu aposento y, después de cerrar la puerta, ora = a tu Padre, que está allí, en lo secreto; y tu Padre, que ve en lo secreto, te recompensará». (Mateo 6, 5-6)

Aunque el mandato de orar en secreto vaya encaminado a no hacerlo para ser vistos por los hombres, encontramos una realidad que debe animarnos a orar, nuestro Padre Dios está allí, en el secreto de nuestra habitación. Si nuestra oración es personal y no tiene como objetivo guiar a los hermanos en una oración comunitaria, busquemos la soledad de nuestro cuarto o la intimidad de un encuentro con Dios en el templo. Una manera privilegiada de orar será ir al encuentro de Jesús en el sagrario donde su presencia Sacramental está presente.

Ayunar en secreto.

«Cuando ayunéis, no pongáis cara triste, como los hipócritas, que desfiguran su rostro para que los hombres vean que ayunan; en verdad os digo que ya reciben su paga. Tú, en

cambio, cuando ayunes, perfuma tu cabeza y lava tu rostro, para que tu ayuno sea visto, no por los hombres, sino por tu Padre que está allí, en lo secreto; y tu Padre, que ve en lo secreto, te recompensará». (Mateo 6, 16-18)

El ayuno es un asunto personal con Dios. Cualquiera que sea nuestra intención al ayunar, debe tener las características que se aplican para dar limosna, practicar la justicia y hacer oración; o sea que nuestra intención debe ser agradar a Dios, buscar su voluntad y no hacerlo delante de los hombres para que sea recompensado por nuestro Padre que ve en lo secreto.

No servir a dos amos.

«Nadie puede servir a dos señores; porque aborrecerá a uno y amará al otro; o bien se entregará a uno y despreciará al otro. No podéis servir a Dios y al Dinero». *(Mateo 6, 24)*

Así como hay un solo Dios verdadero, así en nuestro corazón debe de haber solamente un amo y Señor. El dinero es un dios falso y muy exigente, requiere de todo nuestro tiempo, esfuerzo y dedicación para permanecer igual o seguir creciendo. El dinero en sí no es malo, lo peligroso es ponerlo en un lugar en nuestra vida que tenga prioridad sobre todo lo demás. Cuando el afán por tener dinero se convierte en obsesión, nos convertimos en sus esclavos y esto nos impide entregar nuestra vida a Dios.

No juzgar.

«No juzguéis, para que no seáis juzgados. Porque con el juicio con que juzguéis seréis juzgados, y con la medida con que midáis se os medirá. ¿Cómo es que miras la brizna que hay en el ojo de tu hermano, y no reparas en la viga que hay en tu ojo? ¿O cómo vas a decir a tu hermano: "¿Deja que te saque la brizna del ojo",

teniendo la viga en el tuyo? Hipócrita, saca primero la viga de tu ojo, y entonces podrás ver para sacar la brizna del ojo de tu hermano». (Mateo 7, 1-5)

Que fácil es para nosotros emitir juicios sobre las personas. Con que facilidad etiquetamos a los hermanos, los declaramos culpables y les atribuimos defectos. El juicio no nos corresponde a nosotros sino a Dios. Sólo Él conoce lo íntimo de los corazones, las circunstancias y los motivos que empujan a una persona a tomar sus decisiones. Nuestra tarea es perdonar para ser perdonados, amar para ser amados y comprender para ser comprendidos. Porque con la medida que midamos, seremos medidos.

Entrar por la puerta estrecha.

«Entrad por la entrada estrecha; porque ancha es la entrada y espacioso el camino que lleva a la perdición, y son muchos los que entran por ella; mas ¡qué estrecha la entrada y qué angosto el camino que lleva a la Vida!; y poco son los que lo encuentran». (Mateo 7, 13-14)

En estos últimos tiempos, la sociedad ha buscado el camino más fácil para alcanzar sus objetivos. Se busca desechar lo que pudiera arreglarse porque es más fácil reemplazarlo. A los hijos se les está consintiendo dejándolos que hagan solamente lo que quieran hacer y no se les impone nada por un falso concepto de respeto humano. Se ha dejado de fortalecer la voluntad al evitar el esfuerzo y el sacrificio en las tareas cotidianas. Nos estamos acostumbrando a entrar por la puerta ancha y a transitar por los caminos espaciosos.

Pero alcanzar la Vida Eterna requiere de esfuerzo, sacrificio y de una voluntad firme. La entrada al Reino de los Cielos es estrecha y angosto es el camino.

Hacer la voluntad del Padre.

«No todo el que me diga: "Señor, Señor, entrará en el Reino de los Cielos, sino el que haga la voluntad de mi Padre celestial. Muchos me dirán aquel Día: "Señor, Señor, ¿no profetizamos en tu nombre, y en tu nombre expulsamos demonios, y en tu nombre hicimos muchos milagros?" Y entonces les declararé: "¡Jamás os conocí; = apartaos de mí, agentes de iniquidad!" = «Así pues, todo el que oiga estas palabras mías y las ponga en práctica, será como el hombre prudente que edificó su casa sobre roca: cayó la lluvia, vinieron los torrentes, soplaron los vientos, y embistieron contra aquella casa; pero ella no cayó, porque estaba cimentada sobre roca. Y todo el que oiga estas palabras mías y no las ponga en práctica, será como el hombre insensato que edificó su casa sobre arena: cayó la lluvia, vinieron los torrentes, soplaron los vientos, irrumpieron contra aquella casa y cayó, y fue grande su ruina». (Mateo 7, 21-27)

Poner en práctica la Palabra de Dios nos hace fuertes, nos prepara para los momentos difíciles y nos permite entrar en el Reino de Dios. Si únicamente somos "oidores de la Palabra" sin hacerla vida en nosotros, cuando soplen los vientos y caiga la lluvia no sabremos que hacer ni tendremos la fuerza para enfrentar la adversidad. Una cosa es segura, los problemas vendrán, los momentos de angustia y desolación tocaran a nuestra puerta, si nuestra fe no está cimentada en Jesús, grande será nuestra ruina.

Para los que proclamamos la Palabra de Dios y somos testigos de su Poder, la exigencia es mayor. Ser instrumentos de su amor no nos hará acreedores a la salvación. El peligro de volvernos inmunes a las exigencias de su Palabra y la posibilidad de predicar sin practicar nos pone en grave riesgo; porque si no hacemos la voluntad del Padre, no entraremos al Reino de los Cielos.

Hacer a otros lo que quieras para ti.

«Por tanto, todo cuanto queráis que os hagan los hombres, hacédselo también vosotros a ellos; porque ésta es la Ley y los Profetas». (Mateo 7, 12)

Si pudiéramos resumir en tres pasos como ha de ser nuestra relación con el prójimo, diríamos que la primera y esencial es esta: hacer a los demás lo que quisiéramos que hicieran por nosotros. La segunda es amar al prójimo como a uno mismo y la tercera es amarnos los unos a los otros como Jesús nos ha amado. La primera nos permite cumplir con la Ley y los Profetas. La segunda nos hace ser solidarios con los demás y la tercera nos lleva a vivir el mandamiento del amor.

Dar fruto.

«Escuchad otra parábola. Era un propietario que plantó una viña, la rodeó de una cerca, cavó en ella un lagar y edificó una torre; la arrendó a unos labradores y se ausentó. Cuando llegó el tiempo de los frutos, envió sus siervos a los labradores para recibir sus frutos. Pero los labradores agarraron a los siervos, y a uno le golpearon, a otro le mataron, a otro le apedrearon. De nuevo envió otros siervos en mayor número que los primeros; pero los trataron de la misma manera. Finalmente le envió a su hijo, diciendo: "A mi hijo le respetarán." Pero los labradores, al ver al hijo, se dijeron entre sí: "Este es el heredero. Vamos, matémosle y quedémonos con su herencia." Y agarrándole, le echaron fuera de la viña y le mataron. Cuando venga, pues, el dueño de la viña, ¿qué hará con aquellos labradores?» Dícenle: «A esos miserables les dará una muerte miserable arrendará la viña a otros labradores, que le paguen los frutos a su tiempo.» Y Jesús les dice: «¿No habéis leído nunca en las Escrituras: = La piedra que los constructores desecharon, en piedra angular se ha convertido; fue el Señor quien hizo esto y es maravilloso a nuestros ojos? = Por eso

os digo: Se os quitará el Reino de Dios para dárselo a un pueblo que rinda sus frutos». (Mateo 21, 33-43)

Este relato se aplica a todas las bendiciones que recibimos de Dios. Todos nosotros hemos recibido de Él la vida y nos ha dado cualidades y virtudes. Así como el propietario de la viña se la arrendó a los labradores, a nosotros se nos ha prestado la vida para entregar a su debido tiempo los frutos de nuestro trabajo. Los labradores utilizaron en su favor la torre, el lagar y la cerca propiedad del dueño de la viña. El arreglo consistía en dar los frutos que le correspondían al propietario al llegar el tiempo de los frutos. Los labradores vivían, se alimentaban y consumían lo que les correspondía como labradores, pero había en el contrato frutos que le correspondían al dueño. Golpearon y mataron a los enviados a colectar los frutos y también mataron al hijo del propietario. La sentencia por matar a los enviados y al hijo es que tendrán una muerte miserable, pero el castigo por no pagar sus frutos a tiempo es perder la viña y dársela a otros que si entreguen los frutos a tiempo. Nuestra obligación es corresponder a las múltiples bendiciones recibidas por Dios, dándole lo que le corresponde.

10

LA VIGILANCIA Y FIDELIDAD REQUERIDAS.

Podemos resumir en cuatro las actitudes que se nos piden durante la espera de la llegada definitiva del Reino de los Cielos. Debemos estar alertas, mantener nuestras lámparas encendidas, permanecer en el servicio y esperarlo obrando con misericordia.

Estar alertas.

«Guardaos de que no se hagan pesados vuestros corazones por el libertinaje, por la embriaguez y por las preocupaciones de la vida, y venga aquel Día de improviso sobre vosotros, como un lazo; porque vendrá sobre todos los que habitan toda la faz de la tierra. Estad en vela, pues, orando en todo tiempo para que tengáis fuerza y escapéis a todo lo que está para venir, y podáis estar en pie delante del Hijo del hombre». (Lucas 21, 34 – 36)

Guardaos de que no se hagan pesados vuestros corazones.

Jesús nos alerta de tres enemigos que buscarán que nuestros

corazones se hagan pesados y logren que nuestra mirada se aleje de Él: el libertinaje, la embriaguez y las preocupaciones de la vida.

En primer lugar, está el libertinaje, que consiste en darnos permiso poco a poco de hacer cosas que sabemos no son agradables a Dios. El libertinaje es una especie de rebeldía a los mandatos y preceptos del Reino. El libertinaje corrompe la libertad que Dios nos ha dado de elegir, pero recordemos que, aunque tengamos la libertad de elegir no estamos exentos a las consecuencias de nuestra elección. Él ha puesto delante de nosotros fuego y agua, vida o muerte. Y aunque podemos extender nuestra mano a lo que queramos, a ninguno de nosotros se nos ha mandado ser impíos y a nadie se le ha dado permiso para pecar. (cf. Eclesiástico 15, 14-20).

La embriaguez es de los enemigos mejor camuflajeados. Su trampa se va construyendo lentamente y es reforzada por la convicción de que tomar ni es malo, ni es pecado. En todos los ámbitos de nuestra vida se ha infiltrado la costumbre de festejar con bebidas embriagantes, sin darnos cuenta que su objetivo va de acuerdo a su nombre, embriagar y trastornar nuestros sentidos. Este "inofensivo" enemigo destruye personas, matrimonios y familias. Para los que hemos decidido seguir a Cristo, existe un camino mejor: el camino de la perfección y la santidad.

Las preocupaciones de la vida pueden hacer pesados nuestros corazones cuando nuestra confianza no está firme en las promesas de Dios. Permanecer alertas requerirá de nosotros vivir en fe, confiar en la Providencia Divina y abandonarnos a la misericordia de Dios. Se nos ha enseñado que no debemos andar preocupados por lo que vamos a comer, beber o vestir. Que no debemos preocuparnos del mañana, sino que busquemos primero el Reino de Dios y su justicia y todo esto se nos dará por añadidura. Cuando las preocupaciones de la vida nos invadan, levantemos nuestra mirada y veamos las aves del cielo y los lirios del campo que no siembran ni tejen y esperemos confiadamente porque Dios hará por nosotros mucho más que lo que todos los días hace por ellos. (cf. Mateo 6, 25-34).

Estad en vela, pues, orando en todo tiempo para que tengáis fuerza y escapéis a todo lo que está para venir.

Ante la certeza de que algo ha de venir, que es tan malo que desearemos escapar de ello, Jesús nos dice de qué manera prepararnos para ese día. Desde ya, debemos estar en vela, o sea, estar despiertos, no durmiendo y dejando que la vida continúe sin prepararnos. Ese día necesitaremos la fuerza que viene de Dios y que se consigue en la oración. La recomendación es orar en todo tiempo, lo que significa mantenernos en una continua comunicación con Dios. Esta actitud permanente de búsqueda de Dios nos dará la fuerza necesaria para escapar de lo que está por venir.

Y podáis estar en pie delante del Hijo del hombre.

Son varias las razones por las que una persona no puede mantenerse de pie: cuando ha sido vencida, cuando la carga es tan pesada que la dobla, cuando está muy débil y cuando piensa que no vale la pena estar de pie. En cualquier circunstancia, el permanecer en oración nos hará vencedores, podremos ir a Jesús cuando nos sintamos cansados y agobiados, Él nos sostendrá en nuestras debilidades y nos dará razones para saber que vale la pena seguir de pie.

Permanecer en el servicio.

«¿Quién es, pues, el siervo fiel y prudente, a quien el señor puso al frente de su servidumbre para darles la comida a su tiempo? Dichoso aquel siervo a quien su señor, al llegar, encuentre haciéndolo así. Yo os aseguro que le pondrá al frente de toda su hacienda. Pero si el mal siervo aquel se dice en su corazón: "Mi señor tarda", y se pone a golpear a sus compañeros y come y bebe con los borrachos, vendrá el señor de

aquel siervo el día que no espera y en el momento que no sabe, le separará y le señalará su suerte entre los hipócritas; allí será el llanto y el rechinar de dientes». (Mateo 24, 45 – 51)

Siervo fiel y prudente.

Una cualidad muy importante de los siervos de Dios es la fidelidad. Ser fiel es continuar siendo lo que uno es y seguir actuando de acuerdo con lo que es. Un administrador ha sido puesto para custodiar los bienes de su patrón, para gestionar lo que sea necesario en favor de su patrimonio y para tomar decisiones que retribuyan ganancias en favor del dueño. Ser siervos fieles requiere que no se nos olvide que somos simples administradores de los bienes que Dios ha puesto bajo nuestro cuidado. Que todo lo que hagamos debe retribuir ganancia a nuestro Señor y aunque como administradores tengamos el derecho de recibir compensación por nuestro trabajo, no somos los dueños.

La prudencia es otra cualidad que nos ayudará a no equivocarnos. Un hombre prudente es el que evalúa los riesgos de sus acciones antes de tomarlas. Un servidor prudente no arriesga su vida espiritual por conseguir lo que sabe bien que no sería aprobado por su Señor. Ser prudente es ver la vida y reaccionar ante ella con los criterios de Jesús.

Que así nos encuentre a su venida.

Nadie sabe el día ni la hora de la segunda venida de Jesús, como tampoco nosotros sabemos si la muerte nos llegará antes. Ante esas dos realidades, lo más inteligente que podemos hacer es servir a Dios todos los días de nuestra vida anhelando la recompensa por haber permanecido fieles a su servicio.

Mantener nuestras lámparas encendidas.

«Entonces el Reino de los Cielos será semejante a diez vírgenes, que, con su lámpara en la mano, salieron al encuentro del novio. Cinco de ellas eran necias, y cinco prudentes. Las necias, en efecto, al tomar sus lámparas, no se proveyeron de aceite; las prudentes, en cambio, junto con sus lámparas tomaron aceite en las alcuzas. Como el novio tardara, se adormilaron todas y se durmieron. Mas a media noche se oyó un grito: "¡Ya está aquí el novio! ¡Salid a su encuentro!" Entonces todas aquellas vírgenes se levantaron y arreglaron sus lámparas. Y las necias dijeron a las prudentes: "Dadnos de vuestro aceite, que nuestras lámparas se apagan." Pero las prudentes replicaron: "No, no sea que no alcance para nosotras y para vosotras; es mejor que vayáis donde los vendedores y os lo compréis." Mientras iban a comprarlo, llegó el novio, y las que estaban preparadas entraron con él al banquete de boda, y se cerró la puerta. Más tarde llegaron las otras vírgenes diciendo: "¡Señor, señor, ábrenos!" Pero él respondió: "En verdad os digo que no os conozco." Velad, pues, porque no sabéis ni el día ni la hora». (Mateo 25, 1-13)

Permanecer en el servicio es diferente a permanecer en la fe. Las dos cosas son necesarias. Existen personas que permanecen en el servicio pero que han perdido la fe. Su relación con Jesús es exclusivamente laboral, están a su servicio pero Él ha dejado de ser el novio con el que desean estar por siempre. Otros aman a Jesús y buscan de manera incansable sentirse amados por Él pero se han olvidado de servir a los demás.

Este relato nos enseña que debemos de hacer todo lo que sea necesario para no poner en peligro la posibilidad de alcanzar la vida eterna. Las jóvenes necias salieron al encuentro del novio al igual que las prudentes, la diferencia es que ellas no previeron que el novio se fuera a tardar. Con la espera todas se quedaron dormidas y a ellas no les alcanzó el aceite para la llegada del novio. Uno de los problemas para los que hemos salido al encuentro de Jesús es que no hemos hecho lo suficiente para entrar al banquete de bodas. Creemos que con nuestro poco esfuerzo o con una conversión no tan radical nos va a alcanzar. Pero el novio está tardando y en lugar de esforzarnos más, nos hemos adormilado confiando que los méritos de los demás podrán ayudarnos para alcanzar las promesas.

El novio puede llegar antes de que hayamos decidido salir a su encuentro o puede tardar y encontrarnos sin estar listos.

Esperarlo obrando con misericordia.

«Cuando el Hijo del hombre venga en su gloria acompañado de todos sus ángeles, entonces se sentará en su trono de gloria. Serán congregadas delante de él todas las naciones, y él separará a los unos de los otros, como el pastor separa las ovejas de los cabritos. Pondrá las ovejas a su derecha, y los cabritos a su izquierda. Entonces dirá el Rey a los de su derecha: "Venid, benditos de mi Padre, recibid la herencia del Reino preparado para vosotros desde la creación del mundo. Porque tuve hambre, y me disteis de comer; tuve sed, y me disteis de beber; era forastero, y me acogisteis; estaba desnudo, y me vestisteis; enfermo, y me visitasteis; en la cárcel, y vinisteis a verme." Entonces los justos le responderán: "Señor, ¿cuándo te vimos hambriento, y te dimos de comer; o sediento, ¿y te dimos de beber? ¿Cuándo te vimos forastero, y te acogimos; o desnudo, ¿y te vestimos? ¿Cuándo te vimos enfermo o en la cárcel, y fuimos a verte?" Y el Rey les dirá: "En verdad os digo que cuanto hicisteis a unos de estos hermanos míos más pequeños, a mí me lo hicisteis." Entonces dirá también a los de

su izquierda: "Apartaos de mí, malditos, al fuego eterno preparado para el Diablo y sus ángeles. Porque tuve hambre, y no me disteis de comer; tuve sed, y no me disteis de beber; era forastero, y no me acogisteis; estaba desnudo, y no me vestisteis; enfermo y en la cárcel, y no me visitasteis." Entonces dirán también éstos: "Señor, ¿cuándo te vimos hambriento o sediento o forastero o desnudo o enfermo o en la cárcel, y no te asistimos?" Y él entonces les responderá: "En verdad os digo que cuanto dejasteis de hacer con uno de estos más pequeños, también conmigo dejasteis de hacerlo." E irán éstos a un castigo eterno, y los justos a una vida eterna». (Mateo 25, 31- 46)

Las obras de misericordia están fundamentadas en el amor a Dios: *«Si alguno que posee bienes de la tierra, ve a su hermano padecer necesidad y le cierra su corazón, ¿cómo puede permanecer en él el amor de Dios?».* (1ª. Juan 3, 17).

Dar de comer al hambriento, dar de beber al sediento, acoger al forastero, vestir al desnudo, visitar al enfermo e ir a ver al que está en la cárcel, es una reacción natural para los que aman a Dios. Es el mismo amor de Dios actuando en nosotros para ir en auxilio de sus hijos menos afortunados.

Salir al encuentro del hermano es salir al encuentro de Jesús. Lo que hagamos por el prójimo, lo estaremos haciendo por Él. Lo que dejemos de hacer por los hermanos, lo estaremos dejando de hacer por Jesús. Busquemos con ahínco escuchar de los labios de Jesús:

«Venid, benditos de mi Padre, recibid la herencia del Reino preparado para vosotros desde la creación del mundo.»

11

LA IGLESIA Y EL REINO DE LOS CIELOS.

« Llegado Jesús a la región de Cesarea de Filipo, hizo esta pregunta a sus discípulos: «¿Quién dicen los hombres que es el Hijo del hombre?» Ellos dijeron: «Unos, que Juan el Bautista; otros, que Elías, otros, que Jeremías o uno de los profetas.» Díceles él: «Y vosotros ¿quién decís que soy yo?» Simón Pedro contestó: «Tú eres el Cristo, el Hijo de Dios vivo.» Replicando Jesús le dijo: «Bienaventurado eres Simón, hijo de Jonás, porque no te ha revelado esto la carne ni la sangre, sino mi Padre que está en los cielos. Y yo a mi vez te digo que tú eres Pedro, y sobre esta piedra edificaré mi Iglesia, y las puertas del Hades no prevalecerán contra ella. A ti te daré las llaves del Reino de los Cielos; y lo que ates en la tierra quedará atado en los cielos, y lo que desates en la tierra quedará desatado en los cielos».

(Mateo 16, 13 – 19)

Encontramos en este fragmento del Evangelio de San Mateo, a Jesús hablando con sus discípulos. Aparentemente es una pregunta sencilla la que les hace, pero en lo profundo lo que Jesús está provocando es confirmar ante los Apóstoles, quien de ellos tendrá la responsabilidad de ser cabeza de su Iglesia.

La elección de Simón Pedro.

Para los discípulos fue muy fácil decirle a Jesús lo que la gente decía de Él, pero cuando les preguntó: *«Y vosotros ¿quién decís que soy yo?»* ellos sabían que su respuesta no podía ser igual a la de las demás personas. Ellos habían caminado con Él, se supone que lo conocían mucho mejor que la muchedumbre, pero aun estando cerca de él y ser testigos de su Palabra y su Poder, se quedaron callados porque no supieron que decir. Todos callaron menos Simón, fue el único al que Dios Padre le reveló lo que los otros no supieron. *Simón Pedro contestó: «Tú eres el Cristo, el Hijo de Dios vivo». Replicando Jesús le dijo: «Bienaventurado eres Simón, hijo de Jonás, porque no te ha revelado esto la carne ni la sangre, sino mi Padre que está en los cielos. Y yo a mi vez te digo que tú eres Pedro, y sobre esta piedra edificaré mi Iglesia».*

Momento importantísimo en el que la Santísima Trinidad elige a Simón para ser la piedra sobre la cual se edificará la Iglesia de Jesucristo. Dios Padre ha hablado por medio del Espíritu Santo al corazón de Simón, el hijo de Jonás, y se le ha revelado que Jesús es el Cristo, el Hijo de Dios vivo. Esta verdad no había sido comunicada a nadie, no formó parte de la enseñanza que ellos habían recibido de Jesús, Sólo el Padre, el Hijo y el Espíritu Santo lo sabían. Por eso Jesús lo llamó Bienaventurado, porque lo que acababa de decir no se lo reveló la carne ni la sangre, esto no es sabiduría humana sino que es la voz del Padre revelando a su elegido Simón, quién es su Hijo amado Jesús.

El llamado de ser la piedra donde se edificará la Iglesia.

Después de la elección, viene el llamado. Ante la respuesta de Simón, Jesús le dijo: *«Y yo a mi vez te digo que tú eres Pedro, y sobre esta piedra edificaré mi Iglesia».* Sin lugar a dudas el nuevo nombre otorgado a Simón desde su primer encuentro con Jesús, cobra su real significado. En el versículo 42 del primer capítulo del Evangelio de San Juan, Jesús fijó su mirada en él y le dijo: *«Tú eres Simón, el hijo de Juan; tú te llamarás Cefas»* - *que quiere decir, "Piedra".* El llamado a Simón es de convertirse en la piedra donde se edificará la Iglesia de Jesús.

La Misión compartida.

Aunque San Pedro es la piedra, la construcción de la Iglesia es una tarea que le pertenece a Jesús: *«sobre esta piedra edificaré mi Iglesia».* Que alivio saber que en Jesús descansa el triunfo de la edificación. La Iglesia es de Jesús, a Él le pertenece, Dios Hijo no dejará que su obra fracase, a pesar de los errores que cometamos los integrantes de la Iglesia o los líderes de la Iglesia, por encima de todo está la voluntad de Dios de que la Iglesia siga siendo un instrumento de salvación para los hombres.

La promesa de protección.

Después de la elección y el llamado, Jesús hace una promesa: *«las puertas del Hades no prevalecerán contra ella».* Ante la existencia del reino del mal y sus ataques que buscarán destruir la Iglesia, viene una promesa que acompaña la misión: ¡el mal no podrá vencerla! En estos años de vida de la Iglesia, ha habido momentos muy difíciles, ataques contra ella, escándalos muy graves, conflictos internos, divisiones, calumnias y pecados terribles. Los poderes del infierno han buscado destruirla por dentro y desde fuera, pero a pesar de todo, la Iglesia permanece firme porque está protegida por Jesús.

La autoridad para cumplir la Misión.

«A ti te daré las llaves del Reino de los Cielos; y lo que ates en la tierra quedará atado en los cielos, y lo que desates en la tierra quedará desatado en los cielos». (V. 19) Las palabras dichas por Jesús de manera

tan directa a Simón Pedro, no dejan lugar a dudas, ni permite una interpretación diferente a la que nos sugiere este texto. A Pedro le dará las llaves del Reino, a él le confiere la autoridad para decidir sobre los asuntos del Reino de los Cielos. Sus decisiones en la tierra, serán respetadas en los Cielos, lo que haga o deshaga en la Tierra, será hecho o deshecho en los Cielos.

La Iglesia es la presencia del Reino en la Tierra.

«A ti te daré las llaves del Reino de los Cielos; y lo que ates en la tierra quedará atado en los cielos, y lo que desates en la tierra quedará desatado en los cielos». (V. 19) Este versículo nos ofrece otra enseñanza: Jesús relaciona el Reino de los Cielos, con la Iglesia de la que Pedro será autoridad o cabeza. La Iglesia de Jesucristo en la Tierra es señal, promesa y realidad de que: "El Reino de los Cielos ha llegado a nosotros".

En Pentecostés nace la Iglesia por el Poder de Dios.

En los dos primeros capítulos de los Hechos de los Apóstoles, San Lucas, nos ofrece varias pautas de interpretación para afirmar que el día de Pentecostés, nació la Iglesia revestida con el Poder del Espíritu Santo; que descendió sobre los Apóstoles y de qué manera su cabeza, Pedro, proclama con la autoridad recibida, un poderoso mensaje que hace que más de 3,000 almas se unan a la Iglesia naciente.

<u>Las instrucciones fueron dadas a los Apóstoles.</u>

«El primer libro lo escribí, Teófilo, sobre todo lo que Jesús hizo y enseñó desde un principio hasta el día en que, después de haber dado instrucciones por medio del Espíritu Santo a los apóstoles que había elegido, fue llevado al cielo. A estos mismos, después de su pasión, se les presentó dándoles muchas pruebas de que vivía, apareciéndoseles durante cuarenta días y

hablándoles acerca de lo referente al Reino de Dios. Mientras estaba comiendo con ellos, les mandó que no se ausentasen de Jerusalén, sino que aguardasen la Promesa del Padre, «que oísteis de mí: Que Juan bautizó con agua, pero vosotros seréis bautizados en el Espíritu Santo dentro de pocos días». «recibiréis la fuerza del Espíritu Santo, que vendrá sobre vosotros, y seréis mis testigos en Jerusalén, en toda Judea y Samaria, y hasta los confines de la tierra». (Hechos 1, 1-8).

El autor sagrado tiene especial cuidado en puntualizar que las instrucciones fueron dadas a los Apóstoles que Jesús había elegido; que mientras estaba comiendo con ellos, con los apóstoles, les mandó que no se ausentasen de Jerusalén, sino que aguardasen la Promesa del Padre de recibir la fuerza del Espíritu Santo y ser sus testigos hasta los confines de la tierra. En los versículos 12 y 13, se nos narra que los apóstoles volvieron a Jerusalén y cuando llegaron, subieron a la estancia superior, donde vivían, Pedro, Juan, Santiago y Andrés; Felipe y Tomás; Bartolomé y Mateo; Santiago de Alfeo, Simón el Zelotes y Judas de Santiago.

Esperaron el cumplimiento de la Promesa.

«Todos ellos perseveraban en la oración, con un mismo espíritu en compañía de algunas mujeres, de María, la madre de Jesús, y de sus hermanos». (V. 14)

Aún sin saberlo, el ambiente que se vivió previamente a la venida del Espíritu Santo fue un acto eclesial. En todo momento se nombra a Pedro en primer lugar, cuando San Lucas enlista los que vivían en la casa, es Pedro el que encabeza la lista. El Versículo 15 nos ofrece el inicio de la narración en la que Pedro se puso de pie en medio de los hermanos y después de dar una catequesis sobre los acontecimientos que estaban viviendo, y ante la presencia de unos ciento veinte que se encontraban presentes, les hace saber que conviene nombrar a alguien para que ocupe en el ministerio del apostolado el puesto que dejó Judas. Para los presentes era muy claro que los apóstoles conformaban un ministerio y que su cabeza era Pedro.

Y María, la madre de Jesús, también estaba ahí. Desde el inicio, ella ha acompañado a la iglesia de su hijo.

Quedaron todos llenos del Espíritu Santo.

«Al llegar el día de Pentecostés, estaban todos reunidos en un mismo lugar. De repente vino del cielo un ruido como el de una ráfaga de viento impetuoso, que llenó toda la casa en la que se encontraban. Se les aparecieron unas lenguas como de fuego que se repartieron y se posaron sobre cada uno de ellos; quedaron todos llenos del Espíritu Santo y se pusieron a hablar en otras lenguas, según el Espíritu les concedía expresarse».

(Hechos 2, 1-4).

La Promesa del Padre se cumplió. Todos quedaron llenos del Espíritu Santo, recibieron el Poder de Dios que supera por mucho al poder humano, llegó la valentía para Pedro y para todos los que recibieron ese Poder. La gracia de Dios, su sabiduría y su unción, dieron inicio a la era de la Iglesia.

Pedro se presentó con los once y levantó su voz ante la mirada atónita de los que, al escuchar aquel ruido se congregaron estupefactos y admirados de oírlos hablar en sus propias lenguas. Habló con el Poder de la Palabra de Dios, interpretó las Escrituras, dio testimonio de las obras realizadas por Jesús y proclamó a los cuatro vientos: *«Sepa, pues, con certeza toda la casa de Israel que Dios ha constituido Señor y Cristo a este Jesús a quien vosotros habéis crucificado».* (v. 36).

El Magisterio de la Iglesia nos transmite esta verdad en la Constitución Dogmática sobre la Iglesia, Lumen Gentium:

"Mas como Jesús, después de haber padecido muerte de cruz por los hombres, resucitó, se presentó por ello constituido en Señor, Cristo y Sacerdote para siempre (cf. Hch 2,36; Hb 5,6; 7,17-21) y derramó sobre sus discípulos el Espíritu prometido por el Padre (cf. Hch2,33). Por esto la Iglesia, enriquecida con los dones de su Fundador y observando fielmente sus preceptos de caridad, humildad y abnegación, recibe la misión de anunciar el reino de Cristo y de Dios e instaurarlo en todos los pueblos, y constituye en la tierra el germen y el principio de ese reino".

(Lumen Gentium 5).

La Iglesia, Sacramento Universal de Salvación.

"Esta es la única Iglesia de Cristo, que en el Símbolo confesamos como una, santa, católica y apostólica, y que nuestro Salvador, después de su resurrección, encomendó a Pedro para que la apacentara, confiándole a él y a los demás Apóstoles su difusión y gobierno, y la erigió perpetuamente como columna y fundamento de la verdad".

(Lumen Gentium 8).

<u>A Pedro se le encomendó apacentar el rebaño.</u>

«Después de haber comido, dice Jesús a Simón Pedro: «Simón de Juan, ¿me amas más que éstos?» Le dice él: «Sí, Señor, tú sabes que te quiero.» Le dice Jesús: «Apacienta mis corderos.» Vuelve a decirle por segunda vez: «Simón de Juan, ¿me amas?» Le dice él: «Sí, Señor, tú sabes que te quiero.» Le dice Jesús: «Apacienta mis ovejas.» Le dice por tercera vez: «Simón de Juan, ¿me quieres?» Se entristeció Pedro de que le preguntase por tercera vez: «¿Me quieres?» y le dijo: «Señor, tú lo sabes todo;

tú sabes que te quiero.» Le dice Jesús: «Apacienta mis ovejas.
(Juan 21, 15-17).

Confió a Pedro y a los Apóstoles su difusión y gobierno.

«Por su parte, los once discípulos marcharon a Galilea, al monte que Jesús les había indicado. Y al verle le adoraron; algunos sin embargo dudaron. Jesús se acercó a ellos y les habló así: «Me ha sido dado todo poder en el cielo y en la tierra. Id, pues, y haced discípulos a todas las gentes bautizándolas en el nombre del Padre y del Hijo y del Espíritu Santo, y enseñándoles a guardar todo lo que yo os he mandado. Y he aquí que yo estoy con vosotros todos los días hasta el fin del mundo».
(Mateo 28, 16-20)

San Mateo al escribir "los once discípulos", se está refiriendo a los doce apóstoles menos Judas Iscariote que ha muerto. Los apóstoles llegaron al monte que Jesús les había indicado y al verle le adoraron. A pesar de las dudas de algunos de ellos, Jesús les da una encomienda: "Ir y hacer discípulos a todas las gentes bautizándolos y enseñarles a guardar lo que Jesús ha mandado".

Esta es la tarea de la Iglesia, propagar la Buena Nueva del Reino y ser instrumento de salvación para todos los hombres.

Y a la Iglesia, Jesús, la erigió como columna y fundamento de la verdad.

«Te escribo estas cosas con la esperanza de ir pronto donde ti; pero si tardo, para que sepas cómo hay que portarse en la casa de Dios, que es la Iglesia de Dios vivo, columna y fundamento de la verdad». (1ª. Timoteo 3, 14-15)

San Pablo escribe a Timoteo instruyéndolo sobre las cualidades que deben tener los que aspiren al cargo de obispos o diáconos, le da a conocer las normas de conducta que se deben cumplir en la casa de Dios y otorga a la Iglesia un calificativo que designa su misión. San Pablo la llama: "La Iglesia del Dios vivo, columna y fundamento de la verdad".

12

CARACTERÍSTICAS DEL REINO DE LOS CIELOS.

Además de las características enunciadas en el capítulo 3 de este libro, a saber: Un Reino que ha llegado, que está cerca, que ya está entre nosotros, que es un lugar diferente a la tierra, que está por venir y que será devuelto al Padre; diremos que es eterno, que no es de este mundo, que está abierto para todos y se ofrece a todos, que es el Reino de Cristo y por último: El Reino de los Cielos no se hereda, ¡Se Conquista!

Es Eterno.

> *«Tu reino, un reino por los siglos todos, tu dominio, por todas las edades».* (Salmo 145, 13).

Si interpretamos que el Reino de los Cielos es la misma presencia de Dios y que el Reino de Dios es el lugar donde Dios está presente y ejerce su dominio; al reconocer que Dios es eterno, podemos concluir que el Reino de Dios existe desde siempre y para siempre. El Reino de Dios es eterno porque Dios es eterno.

No es de este mundo.

«Respondió Jesús: «Mi Reino no es de este mundo. Si mi Reino fuese de este mundo, mi gente habría combatido para que no fuese entregado a los judíos: pero mi Reino no es de aquí».
(Juan 18, 36).

Resulta prácticamente imposible entender las cosas divinas con criterios humanos. Si juzgamos humanamente la manera de reinar de Dios es locura para el hombre. Nos llama a vencer el mal, haciendo el bien (cf. Rom. 12, 21), nos pide amar a nuestros enemigos en lugar de odiarlos (cf. Mt. 5, 44), nos dice que el que quiera ser el más grande debe ser el servidor de todos (cf. Mt. 20, 26), que seremos felices o bienaventurados si nos persiguen, nos injurian y calumnian por su causa (cf. Mt. 5, 11), que nuestra oración, nuestro ayuno y nuestra caridad deben ser en secreto (cf. Mt. 6, 1-6), que el que encuentre su vida, la perderá; y el que pierda su vida por Él, la encontrará (cf. Mt. 10, 39), que Dios Padre ha mantenido ocultas las cosas a sabios y a inteligentes y se las ha revelado a los sencillos (cf. Mt. 11, 25), que aunque estamos en el mundo, no somos del mundo (cf. Jn. 17, 6-16), que Jesús siendo Dios, se despojó de sí mismo tomando condición de siervo haciéndose semejante a los hombres y se humilló a sí mismo, obedeciendo hasta la muerte y muerte de cruz para salvarnos (cf. Fil. 2, 6) y que tanto amó Dios al mundo que dio a su Hijo único, para que todo el que crea en él no perezca, sino que tenga vida eterna (Jn. 3, 16).

Si queremos ser parte del Reino de Dios, Tendremos que cambiar nuestra manera de pensar para hacerla al estilo de Jesús. No podemos seguir viviendo como lo hacen los que son del mundo, porque nosotros no somos del mundo, como Jesús no es del mundo. (cf. Jn. 17, 16).

Abierto para todos, se ofrece a todos.

«Id, pues, a los cruces de los caminos y, a cuantos encontréis, invitadlos a la boda." Los siervos salieron a los caminos, reunieron a todos los que encontraron, malos y buenos, y la sala de bodas se llenó de comensales. «Entró el rey a ver a los comensales, y al notar que había allí uno que no tenía traje de boda, le dice: "Amigo, ¿cómo has entrado aquí sin traje de boda?" Él se quedó callado. Entonces el rey dijo a los sirvientes: "Atadle de pies y manos, y echadle a las tinieblas de fuera; allí será el llanto y el rechinar de dientes." Porque muchos son llamados, más pocos escogidos».

(Mateo 22, 9-14).

Aunque el Reino de los Cielos es para todos y a todos se les ofrece, para entrar al banquete de boda se requiere vestir apropiadamente. El Cielo no nos recibirá si queremos entrar con nuestras vestiduras manchadas. Aunque el precio de nuestra salvación ha sido cubierto con la sangre del Cordero, requiere de nosotros una respuesta de conversión sincera.

Es el Reino de Cristo.

«Vosotros sois los que habéis perseverado conmigo en mis pruebas; yo, por mi parte, dispongo un Reino para vosotros, como mi Padre lo dispuso para mí, para que comáis y bebáis a mi mesa en mi Reino y os sentéis sobre tronos para juzgar a las doce tribus de Israel». (Lucas 22, 28-30)

Ante la petición que Felipe hace a Jesús de que les muestre al Padre, Jesús le revela una verdad muy importante: "El que lo ha visto a Él, ha visto al Padre; Él está en el Padre y el Padre está en Él" (cf. Jn. 14, 8-12). Nosotros creemos que Jesús es el Hijo único de Dios, que ha nacido del Padre antes de todos los siglos, que es de la misma naturaleza del Padre por lo que, así como el Padre es Dios verdadero, Jesús es verdadero Dios; el Hijo es Dios como el Padre es Dios y el Hijo es Luz como el Padre lo es. Que después de su encarnación, muerte y resurrección, subió al cielo y está sentado a la derecha del Padre. Que de nuevo vendrá con gloria para juzgar a vivos y muertos, y que su Reino no tendrá fin" (cf. Credo Niceno-Constantinopolitano). El Reino del Padre es el Reino del Hijo.

El Reino de los Cielos, ¡Se Conquista!

«Desde los días de Juan Bautista hasta ahora el Reino de Dios es cosa que se conquista, y los más decididos se adueñan de él».
(Mt. 11, 12).

El anuncio del mensaje del Reino de los Cielos no adquiere toda su dimensión más que cuando es escuchado, aceptado, asimilado y cuando hace nacer en quien lo ha recibido una adhesión de corazón. Adhesión a las verdades que en su misericordia el Señor ha revelado, es cierto. Pero, más aún, adhesión al programa de vida-vida en realidad ya transformada-que él propone. (cf. E.N. No. 23).

Alcanzar el Reino no es fácil. San Pablo VI nos indica 5 pasos para que este mensaje adquiera toda su dimensión. El principio de todo es escucharlo. No solo oírlo sino escucharlo, dejar que penetre en nuestro interior para provocar en nosotros una respuesta: aceptarlo o rechazarlo. Si aceptamos el anuncio, el siguiente paso es asimilarlo, comprenderlo, valorarlo. El cuarto paso es hacer nacer en nosotros una adhesión de corazón; amar el mensaje, guardarlo en nuestro corazón y defenderlo. Todo lo anterior es la antesala para el paso definitivo y más importante: hacer vida la Palabra que nos ha sido dada.

Alcanzar el Reino de los Cielos es una decisión personal, exigirá de nosotros voluntad, firmeza, decisión, valentía y esfuerzo. Corramos la carrera que se nos propone, corramos de tal manera que consigamos la meta; sometamos nuestro cuerpo y no tengamos miedo de privarnos de todo lo que nos estorbe para alcanzar la corona incorruptible. (cf. 1ª Corintios 9, 24-25).

Que esta verdad nos impulse y acompañe todos los días de nuestra vida:

«El Reino de los Cielos, ¡Se conquista!»

Conclusión

HÁGANSE IMITADORES DE LOS QUE ALCANZAN LAS PROMESAS.

«Deseamos, no obstante, que cada uno de vosotros manifieste hasta el fin la misma diligencia para la plena realización de la esperanza, de forma que no os hagáis indolentes, sino más bien imitadores de aquellos que, mediante la fe y la perseverancia, heredan las promesas». (Hebreos 6, 11-12).

Dos meses antes de terminar de escribir este libro, tuve la oportunidad de asistir a una exhibición de más de 150 reliquias de Santos. Mi corazón se llenó de alegría y de esperanza al estar frente a tantos hermanos y hermanas que, mediante su fe y su perseverancia, alcanzaron las promesas de Dios. Un fragmento de hueso de San Pedro, Vicario de Cristo y Príncipe de los Apóstoles; la reliquia del Apóstol San Pablo, apóstol de los gentiles; una partícula de hueso de San Francisco de Asís que, desde mi conversión, ha sido ejemplo e inspiración para mi vida espiritual. Entre muchas otras reliquias, un trozo de tela con la que el Padre Pío de Pietrelcina cubrió sus estigmas; un fragmento de hueso de Santo Tomás de Aquino, Doctor de la Iglesia; un trozo de tela saturado con la sangre de San Juan Pablo II y una partícula de carne de Santa Clara de Asís. Los restos de estos hombres y mujeres, reconocidos como dignos de ser imitados por su santidad de vida, nos dan testimonio de que Dios es fiel y recompensa a los que lo siguen con fidelidad.

Para los que hemos decidido seguir al Señor el camino no ha sido fácil, los obstáculos, dificultades y luchas que hemos tenido que enfrentar dan fe de que se requiere una decisión firme y una voluntad inquebrantable para seguir en este camino. Pero también podemos decir que las pruebas y los inconvenientes no provienen de Dios sino de nuestra propia debilidad. Nuestro peor enemigo ha sido nuestra humanidad y la humanidad de otros que dificultan la voluntad de Dios.

El escritor sagrado nos recomienda que no nos hagamos indolentes, sino más bien imitadores de aquellos que, mediante la fe y la perseverancia, heredan las promesas. Indolente es una persona que tiene pereza o falta de voluntad para hacer una cosa. Estos son dos de los principales obstáculos para alcanzar el Reino: nuestra falta de voluntad y nuestra pereza. No importa que conozcamos a la perfección la Sagrada Escritura o seamos eruditos en la enseñanza de la Iglesia, si nos dejamos vencer por la pereza en el seguimiento de Jesús y nuestra voluntad no es lo suficientemente fuerte para enfrentar y vencer los obstáculos, no heredaremos el Reino.

Por otro lado, la vida de los Santos nos confirma que la fe y la perseverancia son características indispensables de los que alcanzan las promesas. Ellos tuvieron que enfrentar grandes desafíos, problemas, dificultades, enfermedades y persecuciones pero siempre creyeron y siempre confiaron en la bondad de Dios. La perseverancia fue su bandera y la constancia su estandarte. Nada ni nadie los hizo retroceder en su decisión de agradar a Dios, ningún afecto, ningún deseo, tentación o anhelo, los hizo dar marcha atrás. El amor por Jesús su amigo, su Salvador, su Rey y su Dios les permitió dejar todo, entregar todo, ofrecer todo, esperarlo todo y conseguirlo todo.

Hace mucho tiempo, por lo menos 35 años, tuve un sueño que marcó para siempre mi decisión de seguir a Jesús. Soñé que moría y llegaba al Cielo, veía unas rejas altas y una entrada imponente, todo rodeado de nubes. A un lado de esta entrada se encontraba un anciano de barbas largas y vestido de blanco. Frente a él estaba un ambón donde descansaba un libro. Yo supe en ese momento que era San Pedro y que lo que tenía en sus manos era el Libro de la Vida. Me acerqué temeroso sabiendo que si mi nombre no estaba escrito en ese Libro, no podría entrar al Cielo. Cual sería mi sorpresa que cuando San Pedro me vio, en lugar de preguntar mi nombre y buscarme en el Libro de la Vida, volteó hacia a dentro y gritó: "Señor,... Jesús,... ya llegó Poncho", en ese momento salió Jesús y abrazándome me dijo: "Poncho, ya llegaste, bienvenido, te estaba esperando", yo empecé a llorar por ese recibimiento, entonces me agarró de la mano y me llevó frente al trono del Padre; yo veía un trono enorme hecho de mármol, y aunque no ví a Dios Padre, Él estaba ahí. Jesús me presentó a su Padre y le dijo: "Papá, este es Poncho, él dio testimonio de mi delante de los hombres, ahora Yo doy testimonio de él delante de Ti, él es mi amigo Poncho". Mi llanto brotó con tanta fuerza que me despertó. Lloré hasta calmarme y le dije a Jesús: "Señor, esto es lo que quiero, yo quiero que el día de mi muerte pueda llegar al Cielo y ser recibido por Ti".

Desde entonces este es mi anhelo, desde ese día, cada vez que me ha faltado la voluntad para seguir adelante; todas las veces que por mi debilidad y mi pecado he desviado mi caminar, me acuerdo de la promesa de poder verlo a Él cara a cara y esto ha sido suficiente para enmendarme y retomar fuerzas para seguirlo y servirlo hasta el último día de mi vida. Esto es lo que busco, esto es por lo que vivo, el deseo más profundo de mi corazón es estar en Su Presencia por toda la Eternidad.

Hoy elevo mi oración pidiendo a Jesús que el fruto de este libro sea sembrar en los corazones el deseo de alcanzar sus promesas y lograr encender la fe y la perseverancia para conquistar el Reino de los Cielos.

¡El Señor les Bendiga y les Guarde!

9 780578 467405